K-1 舞台裏の物語

ブレイク・スルー

目次

ブレイク・スルー

K-1　舞台裏の物語

プロローグ

～96年5月6日、横浜アリーナ～

「ウワァアー――――！」

地響きのような歓声が湧き上った。

その瞬間まで、こんな凄い大歓声を体感したことがなかった。横浜アリーナを埋めた1万8千人を超える大観衆が一斉に、まさに同時に声をあげた瞬間だった。あるものは歓声だったり、あるものは悲鳴だったりした。ほとんどの観客が指定席を離れ、立ち上がったままアリーナ中央に設営されライトアップされたリングにその視線を集中させていた。

信じられないものを見た顔、顔、顔がそこにあった。

JR新横浜駅近くにあるイベント会場『横浜アリーナ』では、この日人気の格闘技イベント『K‐1 GP96決勝大会』が行われていた。8人の選ばれた選手がワンディ・トーナメント方式によりチャンピオンの座を争う、K‐1ファイターにとっての頂上戦が始まったところだった。そしてその第1試合で事件がおきた。

最有力優勝候補であったピーター・アーツがマイク・ベルナルドにKO負けを喫した瞬間である。まるでスローモーション・ビデオを見るように、王者ピーター・アーツがマットに沈んでいったのだ。KO負けはおろかダウンさえするはずもないと信じられていたK‐1王者が、マットに沈んだ瞬間であった。

私が日本国内でスタンディング・オベーションを聞いたのはこれが初めてだ。そして同時に、『K－1』というソフトと、その創業者である正道会館元館長である石井和義氏に、神の手を感じた瞬間だった。K－1についてはたくさんのエピソードがある。しかし私にとって、この大会ほど思い出深く、また重要なメッセージを含んだ大会はなかった。誤解を恐れずいうならば、『K－1GP』から『K－1』に変身を遂げた瞬間だった。

そしてその変身のプロセスの中にこそ、現代の難しい時代を抜け出すヒントが隠されていた。

今や、すっかりメジャーソフトに成長した格闘技イベントK－1。それはひとつのエンターテイメントとしてのワクを超え、ある瞬間のブレイク・スルーによって誕生した歴史的なコンテンツである。また同時にそれは、不景気の時代といわれた10年間で成長を遂げた点でも、脅威的なビジネスモデルそのものだった。

そこには、冬の時代を抜けきることができないわが国経済に、あるいは希望と生活の基盤を失いつつあるわが国社会にとって、道標となる事実・教訓をいくつも発見できる。そこで私は、これらの事実は、こういう時代だからこそ広く社会に向かって伝えるべきだと考えた。社会のお役に立てると確信したのである。

私は、K－1創設の人物である正道会館元館長石井和義氏の中に、一流のビジネスセンスと実行力、そこから見え隠れする人生観、いや宇宙を感じていた。報道された事件により、確かにK－1の生みの親は表舞台から姿を消した。共に罰を受けた私とてそれは同じことである。いやむしろ当時の役割から見て、私の力不足に起因することも少なくない。本当に申し訳ないことをしたと悔やんでいる。

しかしこの10年間の歴史の中で、石井元館長によって創造された経験や新たな価値そのものが抹消されるべきでないと考えている。しかし私としても、唐突にコメントを発表するわけにもいかず、納得できない日々を過ごしていた。そんなときに、K-1初期を支えた人気ファイターであった佐竹雅昭氏の本が発行されたことを知った。インターネット上の噂でその事実を知り、さっそく取り寄せて読んでみた。そしてその内容に驚いた。

例えば悪いかもしれないが、攻撃してこない相手を一方的に攻めているように感じたのである。しかもかつての仲間に対しても同様であった。

そんなとき、同じ気持ちを持つ仲間からの

働きかけもあり、今回私は、出版という形でＫ‐１のすばらしさ、そしてそのスタートアップとビジネスとしての確立にかかわった人々のすばらしさを発表する場を与えていただいた。

すでに報道された経済事件により、社会に多大なご迷惑をかけたこと、これは一生反省しても十分すぎることはない。しかし逆に、だからこそ10年の歴史の中で私が見てきた事実の中に、厳しい現代を生きる人々のお役に立つことがあるなら、それを伝えるべきだと考えた。

Ｋ‐１の成長と共に10年近くの時間を過ごしてきた私だから書くことができる、いや書かなければならない社会の宝物である。

Ｋ‐１とその天才創設者（あえて天才と呼ばせていただく）に関するエピソードを紹介しながら、その背景に存在するメッセージを表現してみたいと考えた。そのメッセージは、あるときはビジネスに適合するルールだったり、あるいは閉塞感ある現代社会に対する処方箋だったりすると思う。

ただしひとつだけお断りしておく。ここでご紹介することは、私が理解できたり、発見できたりした内容にとどまるということである。本当はもっと深い真理があるのかもしれない。それについては近い将来、ご本人の言葉で発表されることを願っている。

たとえひとつでも良い。あなたにとって価値あるメッセージが見つかることを希望している。

第一章

ソフトビジネスとしてのK-1

■K－1GPからK－1へ

横浜アリーナの大歓声はいつ止むともなく続いている。無敵の王者を文字どおりノックアウトしたマイク・ベルナルドは、コーナーのロープに駆け上がり、超満員の観客席に向かって腕を突き上げながらその声援に応えている。

この日の大会はこの後に起こる『もうひとつのドラマ』と合わせて、まさに『K－1は筋書きのないドラマ』であることを証明した。そしてこの日をスタートポイントとして、私は、『本来コントロールできないものをコントロールする不思議なパワー』を目撃し続けることになる。

この日のマイク・ベルナルドは、明らかにK－1の歴史を大きく動かした。いや、不思議なパワーによって導かれたのだと言わざるをえない。

96年になって間もない冬。横浜アリーナのドラマまでまだ4ヶ月あった。

私は当時、K－1に関するデジタル系の周辺商品・サービスの企画に関っていた。ビデオゲームやパソコン用ソフト、あるいはインターネットに関することが私とK－1の接点だった。大会運営そのものにはほとんどタッチしていなかった。取引先の方と顔を会わせ、ご挨拶することを繰り返していた。したがって大会当日に限っていえば、大観衆の中に混じって試合を観戦することができたのである。もともとがコンピュータソフトウェアの企画開発や事業コンサルタントとして新規事業育成や、ドキュメンテーションサポートを仕事としていたので、格闘技そのものについての知識は素人以下であった。

当時でも選手名を覚えられないで、正道会館元館長である石井和義氏（以下、「館長」と呼ばせていただく）からも、

「佐藤さんも、そろそろ選手の名前くらい覚えてくださいよ」

と、冷やかされていたのが実態である。そんなころ素人なりにみても、人気の格闘技イベント『K‐1GP』を取り巻く環境は、激変のときを迎えていた。

当時の格闘技雑誌を見ても、そのときどきで話題が変わる、まさに激動のときだった。

その時代を抜けきったころ、イベントとしての『K‐1GP』は一流のコンテンツビジネスとしての『K‐1』への変身を開始していた。この96年を境に、地殻変動は始まった。

■スター選手

ファンに支えられるスポーツソフトにとって、スター選手の存在が重要であることは改めて説明する必要もない。K‐1にとってもそれは避けて通ることのできないテーマだった。96年当時、まさにこの点で微妙な時期にさしかかっていたと思う。

これから申し上げることは、選手の名前も覚えられない素人の発言と思って読んでいただきたい。専門家や評論家によるプロフェッショナルな見方と違ってくるかもしれないので、先にお断りしておく。

微妙な時期のことである。当時、圧倒的な強さを誇っていたのが、オランダのピーター・アーツだった。この時点で、94年、95年のK‐1GPトーナメントで2連覇を果たしていた。これは

たいへんな偉業である。しかもその戦いぶりは、素人目に見てもまさに王者のそれだった。当然この年、96年も優勝候補の最右翼に違いなかった。試合会場においてもピーター・アーツが入場する際の声援は常にトップクラスのものであったし、キャラクターグッズを求めるファンの数を見ても常にトップクラスだった。まさにK‐1の顔となっていた。

一方で経営という観点から見てみるとどうだろうか。プロ野球、プロサッカーなどの人気プロスポーツの事例を見てもわかるように、好成績により選手の報酬が上昇するのは常である。20勝投手、ホームラン王、得点王など、例外なく翌年の報酬は大幅アップとなる。ましてや2年連続、3年連続となったらどうだろう。

人気選手はそのプロスポーツそのものを背負っているという自覚もある。当然のように、より良い条件での契約更新を希望する。しかも一昔前の日本プロ野球界とは異なり、外国人選手を中心として必ず敏腕プロデューサー、代理人が付いている。一方で経営側としては、毎年毎年イベント規模を拡大して、増収増益を続けなければ人気選手の希望に応えることはできない。

イベントを開催してチケット収入を得るビジネスに基礎を置いている限り、それは簡単なことではない。イベント開催回数を増やしたり、チケット単価を上げる以外に増収増益の道はないわけだ。

アメリカのメジャーリーグや人気のヨーロッパサッカーにおいても、ストーブリーグになると、必ずといってよいほどこの種の問題が発生するのは周知の事実である。チームを支えた人気選手の年棒を支払うことができなくなったチームが、泣く泣くスター選手を放出する。これはK‐1

にとっても対岸の火事というわけにはいかないテーマだった。

何も金銭的な問題だけに限定されることではなく、メディアへの露出、プロモーションに際しての選手と経営側との協力体制などにとっても、微妙なパワーバランスを生み出すものである。とにかく96年のGP決勝戦で、ピーター・アーツが3連覇を果たすという可能性、おそらく80%以上はあったと思うのだが、それはK‐1の運営そのものを見て、そのシステムを少しだけ分かりかけてきた私にとっては脅威でもあった。

もちろんピーター・アーツとは、直接コミュニケーションをとる機会にも恵まれ、とてもすばらしいファイターだということは理解していた。当然、試合に出るからには勝って欲しいと思っていた。

しかし彼を支えるマネージメントチームは、ビジネスマンとしては一流のタフなエージェントである。ビジネスはビジネスなのだから、その後の交渉は難しいものになるはずだ。半分冗談とはいえ、近い将来、チケット収入の大部分はこのスター選手のためにあると考えたこともあったほどである。

つまり多少身勝手な、そして冷たい言い方をすれば、96年の大会において、誰かがピーター・アーツを止めてくれなければ、イベントそのものが存亡の危機に立つという場面も出てくるはずだったのである。

今さら説明することもないのだが、K‐1はリアルファイト、つまり真剣勝負である。したがって、どちらが勝つかを事前に決めることでその後のストーリーを組み上げることはできない。

どの選手とどの選手をトーナメント1回戦で対戦させるべきか、あるいはトーナメント表のどの位置に各選手を配置するかというところまでが、主催者側の意思を表現できる場面なのだ。まさに運を天に任せるという表現がピッタリだった。

まさにマッチメイクの妙が、最後の残された聖域だったのである。もっとも後のK-1GPに関しては、トーナメント表の決定自体が抽選方式になってしまい、主催者側の意思を表現する場は、むしろ選手と神の意思を見せ付けられる場に移ってしまったのだが。

いずれにしても選手の思いや実力とは別に、1人の選手が突出することの危険を私は感じていた。今となっては笑い話なのだが、その時点でははっきり言って、一度負けてもらわないと困るのだと心の底から思ったことは事実であり、本音である。しかし誰の目から見

ても抜きん出て強いのは、ピーター・アーツであった。

私は幸運にも、96年マッチメイク検討の場に座らせてもらった。もちろん1日ですべてが決まるわけではない。私が体感できたのはその一部にすぎない。しかしそれは驚きの連続だった。その後のK－1の成長を見るまでもなく、成功のキーワードが散りばめられていた。

『K－1 GP96決勝戦』は、3月10日に行われた『K－1 GP96開幕戦』を勝ち抜いた8人のトップファイターによって行われる。

実は3月の開幕戦の段階で、この年の大会では不思議なパワーを感じる出来事が起きていた。選ばれた1人は優勝候補の1人、前年度準優勝のジェロム・レ・バンナだった。当時まだ無名だったミルコ・タイガーにダウンを奪われて、そのまま判定負けしたため、決勝戦には出場できなかった。ミルコはその後、格闘技界では知らない人がいないというくらいの総合格闘家になったのだから、そういう意味でもこの年は材料豊富な年だった。また開幕戦を勝ち上がった人気の空手ファイター、サム・グレコも、その後、決勝戦は負傷欠場となってしまっていた。

結局8人の選手をイメージしながら、決勝大会のマッチメイクが作り出されることになる。

・絶対的な王者、　ピーター・アーツ
・青い目のサムライ　アンディ・フグ
・アンディKOで鮮烈デビューの豪腕　マイク・ベルナルド
・ミスターパーフェクト　アーネスト・ホースト（オランダ）
・日本のホープ　武蔵（ムサシ）

など、豪華メンバーとなった。

館長はイベント企画・制作に関するアドバイザーのメンバーと一緒に、マッチメイクに関する相談をはじめた。私は館長の横のソファーに座って、興味深くその様子を眺めていた。とにかく長時間続いたことを覚えている。使い古された言葉でいえば、まさに時間を忘れて、人のことなど気にもせずという時間だった。私はその後に入っていた予定をすべてキャンセルしてその場にいた。

■第1試合

決勝戦は8人によるトーナメント戦であり、まず4試合が行われる。誰と誰が最初に対戦するかを決めなければならない。

ここで重要なことは、K‐1はプロの試合だということだ。真剣勝負であるという事実に加えて、お金を払って観戦してくれるファンに楽しんでいただかなくてはいけない。チャンネルを合わせて、貴重な時間をK‐1のテレビ観戦のために使ってくれる視聴者に感動を与えなければならない、という思いが基本にある。その点でオリンピックに代表されるアマチュアスポーツとは決定的に異なる。

しかも悪いことに、一部のサービス精神旺盛なファイターを除いて、エンターテイメント性とか、いかにして面白く見せるかなどということは出場選手には関係ないのである。少なくとも参加のための義務ではない。彼らは一流の技術とスピリットを表現することで、勝利して名誉と賞金を獲得しなければならないのだ。したがって主催者側としては、持てる経験と情報を駆使して、リアルファイトを展開した結果として、

「あー、すごい試合だった」

「感動した！」

という感想を、多くの人に持ってもらう確率の高いマッチメイクを実現しなければならない。

失敗した場合の反応は、会場でのブーイングや噛み合っていないという評論により、瞬時に、かつ厳しく現れてしまう。逆に狙いどおり、大きな感動を与えることができた場合は、会場の大歓声として、あるいはメディアの反応として現れることになる。

いずれにしても、ほぼリアルタイムに評価される厳しい世界であることに間違いはない。

まもなく、最初の4試合の組み合わせが決まった。注目していた王者ピーター・アーツは豪腕マイク・ベルナルドと対戦することになった。確かにまだまだ荒削りながら1発で相手をKOする潜在能力を持つ選手と王者の対戦は、魅力的ではあった。もちろんそこに至るストーリーはすでに伏線としてはあったのだが、連続して同じ対戦となるこのマッチメイクは、やはり常識を超えたものであった。

しかしそのKOパンチが王者にヒットするという現実を信じていたメンバーが何人いたかについては、知るすべもない。続いて4試合の順番を決めるプロセスに入った。

「第1試合に、ピーターの試合を持ってきましょう」

館長がメンバーに向かって発言した。一瞬無言の時が流れた。ずいぶん長く感じた。余計なお

世話かもしれないが、そのわけを説明する。

ボクシングの試合やプロレスの試合を観た方は覚えていると思うが、通常、後になるほど強い選手、人気のある選手が登場してくるものである。いわゆるメインイベントに向かってイベントは進行するわけだ。実際、大相撲でも結びの一番は横綱だ。またNHK紅白歌合戦の例を出すまでもなく、複数のアーティストが出演するコンサートでも大御所は最後に出てくる。それが常識なのだ。

さて話を96年の決勝戦に戻すことにする。この『常識』を適用すれば、王者ピーター・アーツは、最後の4試合目に登場することになる。ショーアップされた開会式に続いて展開される迫力満点のK-1ファイト、これが3試合も続けば、会場はすでにヒートアップしている。そこでついに真打登場！

3連覇を狙う無敵のK-1王者が登場するのである。超満員の観衆は、選手入場の場面から試合開始、そして決着、選手退場まで、連続して興奮と感動を味わうことができる。最高の試合を観る喜びがそこには確実にある。待ちに待った真打登場というわけだ。

しかし館長は、メインディッシュともいえる試合を、第1試合にもってくるという。期待と興奮の開会式が終わって、一瞬静まり返る会場に、いきなりメインカードが登場するのである。無言の時間が流れた理由は、ここにある。

大会運営上の心配、登場する選手側の心理に対する心配なども思い起こされる。ところが、発言の本人はニコニコして自信満々にしている。結果として、このアイディアは大成功するのだが、ここにひとつの真理が隠されていた。

当日、横浜アリーナに集まったファンは、第1試合から王者が登場したことで、最初からエンジン全開となってしまった。時間とともにゆっくり、少しずつ盛り上がっていくという時間的余裕を与えられなかったのである。ピーター・アーツの入場曲が流れた瞬間に、すでにクライマックスのレベルまでテンションは上がってしまったのだ。これによって、その後の全試合をとおして、会場は私の知る限りそれまでのK‐1史上で最高の盛り上がりを記録した。

ちょっとしたことで異常に盛り上がるという状態であった。妙な例だが、いったん笑いのツボに入ってしまうと、どうということもないのに笑いが止まらなくなることがある。それと同じである。

つまり最初に『すごい試合』を見せてしまって、一気に場を盛り上げてしまうという戦略が見えたのだ。どんなに時間と知恵をかけた演出よりも、K‐1ファイトそのものでの場の雰囲気作り、言い換えるならば選手と観客一体となった雰囲気作りこそ、最強の戦略であった。

しかもここで、前述のマイク・ベルナルドによるKO劇が起きたわけである。5月6日、K‐1GP96決勝戦当日、絶対王者ピーター・アーツがマイク・ベルナルドの剛腕フックの前に、通算二度のダウンを奪われて、ついにはマットに沈んだ。王者ピーター・アーツの完敗という現実に、会場の横浜アリーナは感動のベルナルドコールに包まれた。

その後、勢いに乗ったマイク・ベルナルドは、一気に決勝戦へ駒を進めることになる。計算された戦略的なマッチメイクによる成功の上に、さらに見えざる手が悪戯したのかもしれない。

もちろんすべての試合がメインイベント級であるからこそ可能な戦略であることに間違いはない。もともとファンにとっては贅沢な、満足度の高い大会なのだ。しかしそれにしても、3連覇を狙う王者をいきなりオープニング・ファイトにもってくるというのは、予想もしなかったことである。

このようにして一気に会場の空気を作ってしまう、ファンの心をつかんでしまうという技を、初めて目の当たりにした瞬間であった。

このあと私は、K-1というソフトが成長していく過程で、創設者である館長による『常識やぶり』を何度も目撃することになる。今回の驚きはその第一歩にすぎなかった。今政治の世界では、『改革』という言葉が盛んに使われ、あるときには言葉だけが独り歩きしている。館長による常識やぶりは、まさに改革であった。

イベント制作に始まった改革は、その後、ショービジネスのチケット販売の世界へ、さらには最大のメディアである地上波テレビの世界へと拡大していく。03年大晦日には、K-1のテレビ番組がNHK紅白歌合戦に対して、視聴率獲得という点で歴史的なインパクトを与えることになる。しかしこれは突然達成できたことではない。改革の積み重ねの結果なのだ。

おかげで私は自信をもって、館長による『常識やぶり』をご紹介できる。ビジネス上の守秘義務なども当然存在するので、私は書ける範囲内でいろいろなエピソードを紹介させていただく。少なくとも私にとっては、凄いリーダーであった。

■Ｋ－１のＫは空手のＫ

こんなことをいうと館長に叱られてしまうかもしれないが、94年に初めてＫ‐１を観せてもらったときには、

「あ、キックボクシングだ」

と思った。私も沢村忠の真空飛び膝蹴りを見て育った世代である。実際、何の予備知識も持たずに観たときはそう感じた。基本的なルールも知らなかったのだから、それは許してもらうことにする。

しかしその後、大会を介してＫ‐１のことを知ったり、選手とコミュニケーションするうちに、最初の感想が実は違っていることに気づいた。違うというよりは、私のほうがようやく違いを理解できるレベルに達したというのが本当のところだろう。何が違うのか。

「Ｋ‐１には感情移入できる」

ということだ。日本人選手だから応援するとか、そういうことではないのである。そのときそのときで応援する対象が違ったりすることに気づいた。キックボクシングを観ていた時代は、技術そのものに驚いた記憶はある。確かに一流の技術、そしてそれを駆使するファイターの姿に感動した。しかしＫ‐１に対する見方は少し違っていた。それプラス何かがあるのだ。

のちに分かることであるが、それはサムライの心だと思う。子供のころから本を読んだり、映画を観たりして言葉としては知っているもの。例としては良くないかもしれないが、終戦から高

度成長に至る期間より以前の日本人の心。K-1に一番近いところでいえば、空手の心だと思う。

私も人から教わったことなので、説明する立場にはないのだが、それは『折れない心』と言い切ってしまっても良いのではないかと思う。あえて誤解を覚悟でいえば、ここでは空手魂といえる。

『K-1のKは、やっぱり空手のKだ!』

そのように私は感じた。日本人が作ったスポーツ。しかも空手家が作ったスポーツなのだ。日本人の私が、感情移入しやすいように作り上げられているからこそ、ハマってしまうのだと確信した。

先に書いたように、以前キックボクシングブームがあった。また空手の世界自体は、多くの門下生により、長い歴史を持って世界規模で定着している。米国へ出張すると、至るところで『カラテ、KARATE』の看板を見ることができる。そのような中で、K-1はビジネスとしても、コンテンツ・ソフトとしても、明らかにそれらとは違う異質なものとして、大きく、しかも短時間で成長した。

そこにはやはり、優れた技術に加えて、魂の部分が自然に注入されていたからだと思う。これにより、何ともいえない厚みが生まれていたのだ。

ご承知のように、初期のK-1を支えたのは国内最強の空手家であった佐竹雅昭氏である。私は94年後半からK-1の世界に関係するようになったので、全盛期の試合を観る機会にはほとんど恵まれていないのだが、ファンの間での評価はすばらしいものがある。空手家がキックボクシングのチャンピオンに勝利したり、プロレスラーに勝利する姿に、ファンのひとりひとりは明らかに感動していた。

また敗れても、そこから立ち直り、再戦・勝利を果たす姿に、空手魂、日本の心を感じていたに違いないのである。極論してしまうと、K‐1にとって欠くことのできないもの、それは空手のKなのである。

5月6日の横浜アリーナに、話を戻すことにする。

キックボクシング選手同士の頂上対決を制したマイク・ベルナルドが、一気に決勝戦へ駒を進める中で、反対側のブロックから決勝戦へ進出した選手がいた。アンディ・フグだ。ありふれた言葉だが、『青い目のサムライ』というのは、まさに彼のことである。前に書かせていただいたように、K‐1が単なる流行モノではなくして、人々の心に深く浸透して棲みつくためには、『空手のK』が必要だと信じていた。そしてそのためには、試合そのものに限らず、メディアを通じて伝わる普段の生活、さらには人との交流で自然に伝わる人となりの点で、誰からも愛され、尊敬される『空手ファイター』の存在が必要だった。

普通に考えれば、初期のK‐1を支えたともいえる佐竹雅昭氏がその位置にもっとも近いところにいたのだが、それはできなかった。このあたりの事情に関しては、ご本人が出版物の中で書いておられるので、ここで私が解説することは割愛させていただく。

94年夏、私が館長と出会い、K‐1の将来に関する創設者としての考え方や悩みを、話してもらいはじめたころ、最大のテーマはこのことだったと記憶している。つまり誰が『K‐1のKを代表する空手ファイター』を担うことができるかということであった。

いやもっと明確にいえば、いかにして次代のスター選手を作っていくかというテーマ、そのものだった。そんな中で、白羽の矢が立つとともにその期待に立派に応えたのが、故アンディ・フグだった。

しかし96年の決勝戦においても、その人気とは対照的に、優勝候補ということでは注目外の選手であったことも厳しい現実だ。事実、前年のK‐1GPにおいても、アンディは1回戦で敗れ去っている。しかも初出場のマイク・ベルナルドにKO負けを喫している。私なりのイメージを書かせてもらうならば、白い空手着で登場するときの感動、敗れてもまた立ち上がるスピリット、メディアで伝わる日常の修行僧のような生活ぶり、そういう部分で十分に役割を果たしていると思っていた。しかし不運もあり、K‐1GP王者につくことは難しいだろうと感じていた。

彼は日本人の強い空手ファイター不在の中で、立派にサムライの姿と心を表現し、それによって多くのK‐1ファンを作ってきた。だからこのうえさらに世界一になれというのは酷だと考えていた。少なくとも私はそのように感じていた。

そうなのだ。94年から95年にかけて、オランダのキックボクシング選手に席巻されそうなK‐1の世界で、アンディ・フグは1人で、微妙なバランスを保ったと断言できる。

すでに紹介させていただいたように、私の中では96年の決勝大会において、理想的にいえばと

いう条件付ではあるが、達成しておきたい目標があった。それは、

1. ピーター・アーツの3連覇を止める選手が現れること
2. 空手のKを将来に向かって担うことのできるニュースターの出現
3. コンテンツビジネスとしてシステム化できる潜在需要があるか見極めること

以上3つの重要ポイントを確認できたなら、K‐1はすばらしいソフトになる。これが当時の私の感想だった。3.については、後から紙面をいただいて少し詳しく説明させていただかなければならないが、簡単にいうと、

『K‐1の世界というのは、ある意味自動運転的に、あるいは自己増殖可能なシステムを持っているかどうかを確認したい。言葉を換えるならば、常に新陳代謝を繰り返しながら、常に一定の鮮度を保つことで、選手・運営側とファン、さらにはメディアが適度な緊張関係を保ちながら「継続して」運営できるソフトなのかどうか』

ということを見極めたいと考えていた。これが確認できたならば、ひとつのイベントとしてのK‐1GPは、もっと広い概念としてのK‐1に昇華し、大きな生産性を持って存在できると確信していた。ところが1.と2.についていえば、これは運を天にまかせて待つしかないことなのだ。

そうなのだ、運も実力の内なのである。ピーター・アーツが第1試合で豪腕マイク・ベルナルドに衝撃的なノックアウト負けを喫したことで、1.は現実のものになりつつあった。しかし問題はその後である。一度負けたとはいえ、ピーター・アーツが1位、2位を争うスター選手であることは間違いない事実なのである。いやむしろ、判定負けではなく、感動的な、かつ衝撃的なノ

ックアウトでマットに沈んだことによって、逆にファンの心をより強くつかんだともいえた。

間違いなくファンは、もっと強くなったピーター・アーツを次の試合で見ることができるからである。そうなると、本大会で誰が王者になるかということが、新たな問題となってくる。ファンの心を確実につかむ試合内容を見せる中で、同時にその結果としての96年王者の栄冠をつかむことによってのみ、はじめてピーター・アーツと並ぶスター選手が誕生する。勝てばよいというものではない。王者に要求される条件は、とても厳しいのである。

最近、テレビで外国人横綱に関する報道をよく目にする。横綱の品位という点について、横綱審議委員会のコメントが紹介されていた。同じことは当時のK‐1にも当てはまっていた。しかし決定的に違うのは、K‐1にとっての審議委員会はファンの声そのものであり、その声は厳しく、かつ変化しやすいということである。K‐1そのものが歴史的に未成熟である分だけ、ファンの意見によって社会的評価が左右される部分も少なくなかったのである。

きわめて不安定な、かつ不安な時期だったのだ。その典型例が前述に私が掲げた3つの条件である。とにかく上位2つの条件は、時の運まかせなのだから。

しーんと静まり返っていた横浜アリーナに、再び大歓声と興奮が戻ってきた。96年の決勝戦の開始が宣言された瞬間だ。豪腕マイク・ベルナルドと対決すべく反対側ブロックから厳しいトーナメントを勝ち抜いてきたのは、過去のK‐1GPにおいて2年連続1回戦敗退の、アンディ・フグだった。

２回戦において、開幕戦の後に負傷欠場したサム・グレコに代わって出場していた巨人バンダー・マーブを秒殺した。さらに準決勝では、昨年敗れている実力者アーネスト・ホーストを再延長の末に僅差の判定で下しての決勝進出だった。過去２回、連続ノックアウト負けしているマイク・ベルナルドの前に、今、アンディ・フグが立っている。

彫りの深い顔立ちに、真っ白な空手着が似合っている。まさに青い目のサムライ。この決勝戦にたどり着いた段階で、両者ともすでに満身創痍だった。しかしより大きなダメージを抱えていたのは、明らかにマイク・ベルナルドだった。

ピーター・アーツ、武蔵という、Ｋ－１ファイターの中でも一流のローキック使いと戦ってきたマイク・ベルナルドに、アンディのローキックを受け続ける体力はすでに残されていなかった。そして第２ラウンド、すでに一度目のダウンを得意のローキックで奪っていたアンディ・フグは、『フグ・トルネード』で、ベルナルドから二度目のダウンを奪った。アンディは初優勝を成し遂げた。アンディが拳を天に突き上げた瞬間、『空手のＫをオーラとして発散する新たなスター』が出現した。スピリット、人気、ドラマを天性として備えた外国人空手ファイターが、実力をも兼ね備えていることを証明した瞬間であった。私はこのとき、久しぶりに鳥肌が立つ感覚を思い出した。

アンディ・フグがＫ－１ＧＰ王者に登りつめた瞬間を、自らの10カウントで祝福した満員の観客は、このとき、この瞬間から、このサムライが空手のＫを将来に向かって担うことを確信した。なんという幸運なのだろうか。目標2.は、予想もしないドラマにより達成された。しかも皮肉なことに、このあとアンディを破った日本人選手は出現しないのである。新たに誕生した空手のKは、大きな壁となってその後の参戦選手に立ちはだかることになり、K‐1のレベルを飛躍的に向上させた。もっともこれが新しい課題を生むことになるのだが、それだからソフトビジネスは面白い。いや自己増殖するパワーを持つソフトは、面白いのである。

このとき私は、K‐1というソフトが、3.の条件を満たすことは可能であると確信した。なぜなら、1.2.がその大部分を運・不運に左右されるのに対して、3.はビジネスのセオリーと計算された戦略、そしてそれを成し遂げようとする実行力により達成できるからである。

成功したビジネスマンの言葉をいくつか思い出してみると良い。必ずといってよいほど、『時の運』、『時流をとらえる』などの要素が入っているはずである。K‐1は、そしてそれを生み出した館長は、明らかに時の運を持っている経営者であることが、このとき証明された。

この後、長い年月にわたって、私は館長の『目のつけどころ』、『常識を超えたソフト作りの能力』、『マーケット・インに基づく改革精神』、そしてなにより『長時間労働』に驚かされることになる。とにかくリスペクトできる人物である。間違いない。

すべては、94年7月に始まった。

第二章

出会い

■表参道

ここは、原宿駅から歩いて10分ほどの閑静な場所。若者に人気の表参道のメインストリートからワンブロック裏側に入ったところにある知人のオフィスである。表参道らしくお洒落な作りのオフィスでは、道路に面した側のガラス張りの部屋を会議室にしていた。私は打ち合わせのために、そこを訪れていた。

ときは、94年7月初旬。よく晴れた、少し暑いくらいの陽気だったように記憶している。タケノコ族のブームが去ったとはいえ、表参道はあいかわらず若者の熱気で溢れていた。若者文化や最新ファッションの発信地であることに変わりはなかった。

原宿駅から青山通りに続く表参道のメインストリートはこの日も人波で溢れ、道路の両側には車が隙間なく停められていた。左側ぎりぎりに寄せた外車の運転席からは、車の左側のドアを開けたときにできるガードレールとの間のわずかな隙間から、体をねじるようにして出てくる黒いスーツの紳士が見えている。その紳士は、ようやく這い出るようにして車を降りると、勢いをつけて左側のドアを閉めた。

余計な話だが、こういう場合しばしばドアが完全に閉め切らないことがある。助走路の短い走り幅跳びをするようなもので、ドアを閉めるための勢いが十分につかないのだ。わずか30～40センチのスペースで、ドアを閉めるのは容易ではない。紳士は車の後ろを回って右側のドアを開け、助手席に置いてあったカバンと書類を取り出した。そしてリモコンでドアをロックしてからその場を立ち去った。

いかに原宿とはいえ、やはり日本国内の道路事情は、左ハンドルの輸入車にはやさしくないと、そんなことを、ぼんやり考えていた。

すぐ近くには有名な古いアパートがある。メインストリートから古いアパートを抜けると、そこはすでに別世界のような閑静な土地となる。古い立木もあるし、アスファルトではなく土がある。そんな場所に知人のオフィスがあり、私たちはミーティングの真っ最中だった。

打ち合わせの内容についてはよく記憶していないが、おそらくエンターテイメント系のコンピュータソフトの企画会議だったと思う。

確かダンス・ミュージック全盛のころ。六本木にはベルファーレというディスコができたころだ。今風にいうとクラブなのかもしれないが。そんな時代にヒットしそうな、当時の言葉でいえばマルチメディア・タイトルの企画会議ということになる。

なんでもかんでもソフト、ソフトウェアと呼んでいた時代から、タイトル系については『コンテンツ』という言葉を使い始めた時代である。今でこそ高速インターネットアクセスによる動画再生があたりまえであるが、94年当時ではそんなことは夢のまた夢。CD‐ROMをパソコンに入れて、ムービーと音楽を楽しむことが一般的だった時代である。

富士通がFMタウンズというパソコンを発売してから、マルチメディア・タイトルという概念が一般化した。これにスーパーファミコン、ソニー・プレイステーション、セガ・サターンなどのホームビデオゲームが普及したことで、いわゆるコンテンツ系ソフトの需要が増加していた。

こうなると、一昔前のようにコンピュータ屋さんだけで、効率的にパソコン用のソフトを作るのが難しくなってきたころである。映像や音楽に関する未解決な権利問題などが存在し、事は複雑になっていたのだ。したがってこの手の仕事をする場合には、異業種の気のあった仲間でチームを作って仕事を進めることが必要だった。

そういうこともあり、この日集まった面々も多種多様だった。コンピュータのハードウェア担当、CD‐ROMで動作するソフトウェアを企画製作する担当、映像制作担当、音楽製作担当、セールス担当、マニュアル・説明書などの文書化担当などである。それぞれが担当分野でのモノ作りのプロであるとともに、権利に関する知識を持っていて、これが重要だった。

その打ち合わせは、予定終了時刻を40分ほど過ぎて、ようやく終ろうとしていた。そのときガラスの外で、1台の黒い車が停まった。

左側の運転席のドアが開いて、元気のよい、そしてとにかく礼儀正しい若い男性が降りてきた。彼がこちらに向かって会釈したかと思ったら、今度は助手席から、比較的背が低い、しかしがっしりした体型の40歳くらいの男性が車を降りたった。

彼はこちらへ歩いてきた。後部座席ではなく助手席だったので、とにかく印象に残っている。会議室のあるオフィスのオーナーである私の知人と、そのほか2人か3人くらいの仲間は、その男性の顔見知りであるらしく、会釈をしながら出迎えのために出て行った。

まもなくしてエスコートされるようにして、その助手席の男性は会議室に案内された。

「カンチョー、カンチョー。こっちです。どうぞ、どうぞ」

案内された男性は、

「打ち合わせ中ではないですか？　向こうで待ってましょうか？」

オフィスのオーナーが、

「今、終わったところですから、どうぞ、どうぞ」

ガラスに向かう側の椅子をすすめた。そこでようやく、助手席に乗ってきた男性は、

「では、失礼します」

と、会議室の中へ入ってきた。

名刺入れをゴソゴソ探しながら、お辞儀をしながら入ってきた。

音楽をやっている仲間が、その男性を紹介した。

「正道会館の石井館長です」

それを聞いて、会議に参加していたメンバーは、みんながみんな、

「えっ、石井館長ですか？　ラッキーです、今日は！」

「去年のＫ-１ＧＰ観ました。握手してもらっていいですか？」

会議室は、イベント会場のようになってしまった。

厳密にいえば、私１人を除けばファンクラブ集会状態となってしまった。とにかく私は、Ｋ-１という言葉をそれまでに聞いたこともなかったし、石井館長という人物も知らなかったのである。

当時、私にとってカンチョーといえば、宇宙戦艦ヤマトの沖田艦長だったのだから……。

とにかく自己紹介が済んで、私は、石井館長は空手の正道会館の創設者であるとともに、プロレス・格闘技界でもかなり有名な人物であることを知った。さらに前年の93年からはＫ‐１ＧＰという格闘技イベントを始めていて、これが人気上昇中であるということを知った。

オフィスにあった雑誌を見せてもらった。１００キロ級のファイターが戦っている写真は、それだけで十分に魅力的だったが、私はそこに映っているファイターのキャラクター性に注目した。一度見たら忘れられないというべきか、いわゆる『キャラが強い』ファイターが多く参戦していたからである。

私の仲間たちと石井館長は、結局1時間ほど雑談していた。

後になって分かったことだが、マルチメディア・タイトルを作るために必要な技術や契約・権利に関するテーマは、ちょうどＫ‐１にも関係してくる場面が増えてきていた時期だったそうだ。そのため石井館長自身、私たちの当日の打ち合わせ内容には、大いに興味を持っていたそうである。

それにしても忙しいスケジュールの中、タイムリーな内容であったとはいえ、長時間、予定外の滞在をする柔軟性には驚かされる。もっとも携帯電話にかかりっきりで、その後のスケジュール変更をしていた元気で礼儀正しいスタッフと、相手先の苦労は容易に想像できる。

ふと館長は、カバンの中からＡ４判の書類を取り出して、テーブルの上に出した。音楽関係の担当をしている仲間が最初にそれを受け取った。

「Ｋ‐１を使ったテレビゲームを作りたいという提案が来ているんですよ。最初にある程度の金額を出しても良いから、やりたいといっている会社が来ていて、これが契約書の案なんです。この内容は、どう思いますか？」

最初に書類を受け取った仲間が、

「これは、佐藤さんの担当だね」

と、私に契約書案を手渡してきた。私はその5ページくらいの書類を手に取ると同時に、ぱらぱらと斜め読みを始めた。そこには某ゲームソフトメーカーがK‐1側から選手名や選手の肖像、さらにはK‐1を冠した大会名を使用することで、格闘技ビデオゲームを製作販売するための、いわゆるライセンス契約の内容が記載されていた。

つまりメーカーとしては、K‐1をビデオゲーム化することで、商品力ある格闘技ゲームを市場に投入できると考えたわけだ。こういう場合、一定のロイヤリティを支払うことでゲームを製作することが一般的とされている。

さて私が手にした契約書案はどうだっただろうか。ちょっと事情が違っていた。詳しいことは、企業機密や取引上の機密事項に触れる場合があるので、ここでは書けないが、ただひとつ言えることは、かなりK‐1側をバカにした内容であった。

K‐1側にこの種の問題の専門家が常勤しているわけはなく、それを知ってのことなのだろうか。あまりにも行儀が悪い契約内容案だと思ったのである。一言でいえば安いお金で、なにもかもすべてくださいい的な内容だった。

「だめですよ、こんなの！」

そういって、私は手にしていた書類を館長の前に戻した。

正しくは軽く放り投げたといえるかもしれない。同じ業界にいる会社が作った契約書案に対して、明らかに腹が立っていたのである。それにしても初対面の石井館長に向かって、よくぞ書類を放り投げ、こんな一言がいえたものである。それほど私はいらいらしていた。

「やっぱり、そうですか？」

館長は、私に問いかけてきた。

その後私と私の仲間たちは、この種の提案への対応方法について、いくつかのアドバイスをさせていただいた。

当時のK‐1、まさにスタートアップ時期にあったK‐1にとって、ビデオゲームが発売されることのビジネス上の効果は大きい。しかし各種権利保護という守りの部分も大切にしなければならない。これらは一見矛盾することである。

守りを甘くすれば、営業チャンスは明らかに広がる。つまりハードルが低い分だけ、この種の提案が寄ってきやすくなる。しかし逆に、権利保護の立場を鮮明に出せば、ゲーム化の現場において自由度が低くなるため、ゲームとして世に出る確率は低くなる。

ましてやK‐1の場合は外国人選手が多く出場しているため、そのあたりの権利関係の整理はとてもデリケートになってくる。つまり知らず知らずのうちに、外国人選手の既得権益を侵してしまう可能性があるのだ。

そういう意味では、K‐1が周辺権利モノの商品・サービスを具体化する場合には、きめ細かな対応が必要であるということを感じ、そのことの具体例をあげながら、石井館長に説明した。

　ここまで書けば、なぜ私が、いらいらしたかが分かると思う。つまり私が見せられた契約書案は、いわば『ひと山いくら』の内容だった。それが安いか高いかは別の問題として、そのような契約構造では商品化できない。

　今これを読んでいただいている読書の中には、すでに「難しいことで、頭がこんがらがる」と感じている方もいるのではないだろうか。私も経験があるが、得意とする分野でない場合、あるいは初めて触れる分野である場合、それに関する話を30分以上聞かされると、途中で理解しようとする根気というかエネルギーが絶えてしまう。それが普通だそうだ。だからこの手の話が苦手な方は、このブロックを省略してほしい。この後の展開に大きな支障はない。


　しかし館長は、メモを取りながら聞いていた。そのことは私にとって、たいへんな驚きだった。そうしているうちに、さすがに次の予定を延ばすのにも限界が来たらしく、館長はその場を離れることになる。そのとき館長は私に向かって、

「こういう契約の件などで質問があったら、また聞いてもいいですか?」

と尋ねられた。私はもちろん、

「どうぞ。できる範囲であれば、ご遠慮なく」

と答えた。

　その後館長は、私の携帯電話の番号を書いたメモを持って、外に停まっていた車に乗って、そ

の場を離れた。

私たちは9月に行われる予定の『K-1 横浜アリーナ大会』に招待された。それにより約1ヵ月半後、私は初めてK-1のイベントを、実際に会場で体感することになる。

このあたりで、なぜ私がこのようなアドバイスをするようになったかについて書いておいたほうが、この後のエピソードを紹介しやすいと思う。少し紙面をいただいて、当時の私の仕事内容を紹介しておきたい。K-1のことに興味を持って、この本を手にとっていただいた方には少し退屈かもしれないが、しばらくの間お付き合いいただきたい。もちろんこのブロックを読み飛ばしても、この後に影響を残すことはない。

■ライツコントロール

私は会社経営者や企業の企画部門や、マーケティング部門をクライアントとして、コンサルテーション業務をしていた。このように書くと何か偉そうに読めてしまうので、あわてて補足すると、業務代行サービス付のアドバイザーといったほうが実態に合っていると思う。

当時の私は、まだ30歳代。いわゆる先生というコンサルテーションではなく、業務代行・お手伝いというほうが適切かもしれない。プロジェクト方式でクライアントと相談した後は、私サイドのスタッフも交えて実際に現場作業を行うというものだった。

これにより、大企業の担当者などは方針の決まってしまった細かな作業からは解放されて、本来業務に専念できることになる。また社内や関係先との各種調整業務に時間を使うことができるので、かなり便利に感じてもらっていた。だいたいは新商品開発に関する相談や広告代理店や放送局からの案件としての、マーケティングに関する相談が多かった。

ちなみに私が得意とする業種は、コンピュータソフト、マルチメディアと呼ばれていたグラフィック・映像・音声系全般および音楽などに関するものだった。その中でも特に得意分野としていたものは、『権利保護、周辺権利ビジネス』に関するものだ。

たとえば最近の例では、『インターネットを使った音楽配信ビジネス』などが対象となる。本来、CDで提供するために作られた楽曲をパソコンで聴きたい、あるいはインターネットで送信して広めたいという需要が出始めたのが当時のことだった。しかしもともとそんな使い方を想定して作られた楽曲などなかった時代だから、そこには複雑な権利関係が存在する。

したがってほとんどの案件は、アイディアとしては面白いということになるが、その先の膨大な作業が壁となり、結局日の目を見ることがなかった時代である。そんなときに、権利所有者が保有している権利を保護しながら、できる範囲で商品化を進めるための契約方式、今風にいえばビジネスモデルを考案して、具体化することは価値があったのである。

今でもそのことは変わらないが、当時は、そもそもソフトウェアやインターネットなどの情報通信の世界において、権利ビジネスについての実務を行う者がほとんどいなかった。

私は、個人事業者から一部上場企業の経営戦略部門までの経験とノウハウを体系化することで、このニッチな分野を仕事の場としていた。このような仕事は、その後『ライツコントロール』と呼ばれるようになり、ようやく認知された。

ライツコントロールということでは、面白い事例があったので紹介しておく。ちょうどそのころ、大手コンピュータメーカーのプロモーション部門にいた部長さんと親しくしていたのが発端で、その部長さんからある相談を持ちかけられた。その内容は、

「秋に発売する新型パソコンのオマケとして、クラシック音楽が聴けるムービー付CD－ROMを付けたい。音源オーナーとの契約締結ができるようにコーディネイトしてほしい」

私は、一瞬気が遠くなった。

この場合、どのような契約内容をクリアしなければならないだろうか。まずムービー。これについていえば、オリジナルの環境ビデオ風のものを新たに制作することにしたので、費用だけの問題で簡単にクリアした。問題は楽曲である。

先に書いたように、すでに発売されているクラシック音楽については再利用が想定されていない。つまり最初の製作段階において、今回のようにデジタル録音されたCD－ROMで、『もう1回、別の方法で』提供されることなど想定されていないのである。これを正式には『著作物の2次使用』というのだが、まさに予定外のこと。ここからが私の仕事である。今となってはマンガのような話だが、大きくは3つのテーマを解決しなければならない。それは、

1. デジタル化ということを、理解してもらう必要がある
2. 周辺権利としての著作権の2次利用を許諾してもらう
3. 著作隣接権の2次利用を許諾してもらう

最初の2つの条件については、時代背景を彷彿とされることではあるが、交渉を通じてハード

ルをクリアすることができた。これは結局、著作物を所有している人がデジタル化された2次著作物が商品化されることを許諾するかしないかという、あくまでも人間の意志によって決定される事項だからである。

しかし問題は3.だった。そして著作隣接権の中でも、最大の問題は演奏したアーティストの権利保護の問題であった。つまり現在の法律では、演奏したアーティスト全員の許諾が必要なのだ。まさに頭が真っ白とはこのことだった。

クラシック音楽の演奏風景を想像してみていただきたい。大人数の名前も知らないアーティストをひとりひとり訪問して、全員から許諾の一筆をもらうことなど不可能だった。依頼主の部長さんも、そんな権利問題があるなど知る由もなかったのだ。しかも不幸なことに、社内でこの企画はすでに承認済みとなって予算も付いていた。今さら引けないということなのだ。

そうなれば業務代行サービス付のコンサルテーション屋としては、なんとかして部長念願のオマケを実現しなければならない。

結局、秋の新製品には、『クラシック音楽の聴ける環境ムービーCD - ROM』というオマケが付いた。著作隣接権の問題はどのようにしてクリアしたのか？　すべてのアーティストの了承はどうやって取り付けたか？

私はまったく違う方法でこの問題を解決した。答えは簡単。知人の音楽プロデューサーの応援を得て、アルバイトとボランティアで手伝ってくれるスタジオ・ミュージシャンを動員して、新たに演奏しなおした。もちろんデジタル化を最初から契約範囲に含んだ契約方式によってだ。せめてもの救いは、承認済みの企画内容が『カラヤンオーケストラの○○○○』でなかったことである。

ビジネス現場の権利というものは、知識だけでは不足なのだ。商品化を止めることは知識だけで可能である。しかしハードルを乗り越えて新商品化を実現するとなれば、そこに必要なものは、地道な現場作業だ。

この概念をK-1に当てはめてみてほしい。そこには紹介した事例の10倍以上も複雑な権利関係が存在する。思いつくだけでも、

・イベント制作に関する著作権
・選手、タレントの肖像権
・イベント内などで使用する楽曲や映像などの著作権と著作隣接権
・テレビの放映権
・ビデオ化権
・興行権

その他安全に関するもの、周辺権利に関するものなど、多数が考えられる。

前に、K-1GPがK-1に変わったと感じたと書かせていただいた。前者がイベントであるのに対して、後者は明らかにそれを超越したニュービジネスであるという意味である。

それは言葉を換えて定義するならば、『デジタル・メディア時代に対応できるコンテンツビジネス』と呼ぶことができる。コンテンツとは、すなわち権利ビジネスによって生み出される高付

加価値の商品だ。戦略的に体系化された権利ビジネスへのポテンシャルがそこにはあった。

表参道での偶然の出会いが、この複雑な権利ビジネスにかかわる入口になるなど、知る由もなかった。その数日後に石井館長からの電話が私の携帯電話に着信するまでは……。

■お時間ありませんか?

その日の午後もよく晴れていた。私は六本木のオフィスで、メーカー系ソフトウェア会社の研究機関からの依頼によるパソコン用アプリケーションソフトウェアの基本設計書の作成にあたっていた。そのとき携帯電話が鳴った。ディスプレイに表示された発信元を見て、ちょっと驚いた。それは数日前に表参道で初対面したK‐1の石井館長の携帯番号だった。

「石井です、石井です」

電話口から、軽い感じで電話の主の声が聞こえてきた。

「はい、佐藤です。先日はありがとうございました」

私は表参道でのミーティングの情景を思い出しながら、それに応えた。その後1～2分間、簡単な雑談を交わした後、館長はこれから新宿にあるエンターテイメント系の会社へ打ち合わせに出向くということを話し始めた。

表参道で私が見せられたゲーム化に関する契約と同様、K‐1を使った商品を作って販売したいと提案してきた企業があり、そこのミーティングに出かけるというのだ。つまりK‐1を使った周辺ビジネスの提案のひとつが持ち上がっていて、今日は直接、担当者と打ち合わせをするのだという。

次の一言が、館長らしい。

「今日は、これからお時間ありませんか?」

後日分かったことだが、最初はミーティングの前に私に電話して、いくつか疑問点を解決しようとしたらしいのだが、結局同行してもらったほうが便利と考えたらしい。

私はデスクに張り付いたまま、複雑なソフトウェアの設計をしていたわけだから、いきなり出かけるなど出来るはずもないのだが、知らず知らずのうちに、

「あ、いいですよ」

と言ってしまっていた。

結局その2時間後、私は館長と2人で都内の高層ビル内にある企業の応接室で、提案元の企業の担当者と向かい合っていた。

私は石井館長の知人で、ソフトウェアなどのデジタル系の権利関係に詳しい人ということで紹介され、あたかも長年のパートナーのような雰囲気を漂わせながら、その場の打ち合わせに溶け込んでいた。

全く違和感はなかった。それがまた、おかしくもあった。

この事例は、このあとの10年弱の期間に共通する館長独特のビジネススタイルとの最初の遭遇になった。

私は大学を卒業した後、上場企業に就職し、大学で数学を専攻したにもかかわらず経営企画部門に配属されていた。その後も大企業やお役所とのお付き合いが大部分だった。そういう環境で育った私にとって、このようなスケジューリングや客先訪問パターンは、明らかに未登録だった。逆にいうと、こういうことを嫌味なくできるところに石井館長の魅力、常識を超えた面白さがある。

この事例だけでも2つのサプライズがあった。

まず最初に、数日前に1〜2時間会っただけの人間を、企画段階の案件のミーティングに同行するだろうか。どんな仕事をしていて、どんなオフィスにいて、またどんな人格かも知れない人間をだ。

特に案件は、企画段階の新商品の契約条件を詰めるという微妙なテーマである。大企業の経営企画部的にいえば、機密保持契約に基づいて行われるような内容である。それこそ案件にかかわる人間まで特定されるような事例である。

それなのにほぼ初対面の人間を、しかもK‐1側のライツコントロール担当者として相手先に紹介し、しかもミーティングにも出席させていたのである。

またもうひとつの驚きが、この強引なアポイントメントの入れ方だった。大企業で育った私の常識では、客先を訪ねるほどのアポイントメントであれば、少なくとも数日前に決定されるべきだし、事前の内部ミーティングがあって然るべきだと思っていた。それが携帯電話一本で、「今から、良いですか?」。これは、凄い。

このあたりのことは、のちに館長とのお茶のみ話でも笑い話になったのだが、明らかにひとつの『館長セオリー』みたいなものが見え隠れする。こんなカルチャーショック、サプライズでも、館長の言葉にすると、わずか一言で終わってしまう。

「仕事の打ち合わせは、必要なときに、すぐにやることが大事ですよね」

「会いたいと思ったときに、すぐに会えば良いですよね」

「そう、思いませんか」

どうだろう。こんなことをいわれたら、いや石井館長にいわれたら、

「そうですよね」

私ならそう言ってしまう。

改革の精神と非常識は、薄い壁をはさんで隣り合わせになっていたことを、そのとき初めて知ったのだ。ここにも独特の成功パターンが隠されていた。

■愛すべき、パクリの天才

館長に関する私の率直な感想を紹介したついでに、もう少し印象的だったことを書いてみたい。

私はときどき、自分が気に入っているセリフを館長に紹介していた。そのうちの何件かを、館長がえらく気に入ったようだ。

これは一発で覚えてもらえたので、そうだとすぐに分かった。そして館長はそれを、あたかも自分のオリジナルであるかのように、ごく自然に使いまわす。もっともときどき紹介した私本人

に対して、

「佐藤さん、こういう教訓があるのを知ってますか？」

と話題にしてくることもあるのだが、これは、ご愛嬌ということで済ませることができる。とにかく、そういう意味では天才的である。例を紹介しよう。

いくつかある中でも、おそらく最大のヒット作は、

『親しき仲にも契約あり』

であろう。これは館長に出会う前から、仕事をする上での私の基本のひとつでもあった。

私が最初に、この教訓を教えてもらったのは、松下幸之助氏の技術顧問をなさっていた方だった。『親しき仲にも、契約あり』。これは日本的ビジネスに対して、巧妙かつ的確に警告を与えている。

日本的ビジネスの現場では、とかく見切り発車を含めて作業開始優先、契約書の締結は後から済ますという慣習が少なくない。むしろ契約書を最初に締結してから作業を開始しようと提案することは、水くさいとか他人行儀とかの印象を持たれることがある。ひどいときには失礼なヤツというレッテルを貼られることさえある。つまり契約書のことはいわないというのが、取引先との良好な関係を保つ条件みたいになっていることがある。

この傾向の強いのが、大手広告代理店とクリエイターとの関係だと思う。私の経験では、最初に契約書締結を要求してくるクリエイターは10人中２人にも満たない。また私の周辺に限ってい

えば、大手広告代理店によるＣＭフィルム制作などの場面では、数千万円の仕事であるにもかかわらず、大手代理店とその外注先の制作会社との間に契約書が存在した例をほとんど知らない。しかし請求書は発行され、無事に決済は完了するのである。請求書は、驚いたことに『ＣＭ制作料一式　数千万円』と、わずか一行書かれただけである。

それでは契約書というのは不要なものかというと、そんなことはない。これは私の悪口データベースといわれる内容のひとつだが、

『仕事がトラブル状態になったとき、人は契約書を初めて読む』

のである。つまり仕事がうまく進んで、無事に代金決済がなされた場合は、契約書など必要ないのだ。

身近な経験を思い出してほしい。自動車事故が起きた後、自分が思っていたような保障が損害保険会社からなされなかった時。賃貸マンションの転居にあたり、大家さんから予想を上回る金額の原状回復費用を請求された時。納品物に対して仕様が違うとクレームをつけられた時などである。

契約書が存在していてもトラブルは発生する。ましてや書面がなかったら、どうなるのだろうか。おそらく「言った」「言わない」の泥仕合になる。

契約書を作成しておくことで、このようなトラブルを未然防止するとともに、双方にリスクポイントの意識を持ってもらうという点でも重要である。不都合が発生しても、事前に覚悟していたことはトラブルとはいわないのだ。

　その点外国と仕事をする場合は、まず契約書ありきとなる。特に米国の会社と仕事をする場合は徹底している。いくら納期が迫っている、契約内容については事実上合意している、内定しているといっても、彼らは絶対に作業をスタートさせない。契約書が完成しなければ何も始まらないのだ。

　昨年8月のK‐1ラスベガス大会で、マイク・タイソン氏がリング上で発した言葉を思い出してみてほしい。あの混乱の中で、彼が発した唯一の言葉が、

「Sign the Contract!（契約書にサインを）」

だったことは、不思議でも何でもない。

　外国の会社と仕事をする場合、しばしば外国側から契約書のドラフトを示される。

　とにかく分厚いのだ。私も何度か米国のソフトウェアについてのライセンス契約を結ぼうとしたことがある。その際、先方のドラフ

トを受け取った。

過去最高は１５０ページの英文契約書を受け取ったときである。日本国内なら最高でも20ページ程度の契約書だと予想していた私は、相当に驚いた。しかしこれは、よくあることである。

ご承知のとおり米国は訴訟社会。つまりいろいろな判例をすべて事前に盛り込んでいるから、１５０ページのドラフトになる。失敗の歴史そのものなのだ。つまりこのまま契約書を締結すれば、どんなことがあっても裁判では勝てるようになっている。大阪の文化でいうと、こういうものを『ダメ元』と呼ぶそうだ。この契約書をテーブルにおいて、私と米国人の交渉は始まる。それはいわゆるワンパターンになる。

「契約書の内容は、これで良いか？」

米国人は、先制攻撃をしてくる。

「○条と○条については、削除してもらいたい」

私が、意見を述べる。すると米国人は、

「ＯＫ！」

と、すぐに返事をする。それならと私は、

「○条と○条があるのなら、社内の承認作業には時間を要する。削除はできないか？」

すると、米国人は、

「ＯＫ！　問題ない」

これをしばらく繰り返すうちに、１５０ページあった契約書案（ドラフト）は、すでに25ページになっている。結局そのまま契約書として締結した。

まさに『ダメ元』のドラフトである。たしかにノオ！　と言ってみるべきなのだ。

そんなこともあり、石井館長は『親しき仲にも契約あり』というセリフを、しばしば使っていたように記憶している。ちなみに私に対しても2回使った。

「佐藤さんとは付き合い長いですけど、今回は早めに契約書を作りましょう。親しき仲にも契約ありというらしいですから」

「へー、面白いですね。私も使わせてもらっていいですか？」

と、私がいうと、

「どうぞ、どうぞ」

と、石井館長。

たしかに愛すべき人間性。こんなことを毎日やっていれば、突然のアポイントメント、急な打ち合わせに対しても、自分の予定をキャンセルして出かけていくようになるのである。

同じようなことが、もう一度あった。私の知人に、いわゆるオヤジギャグ乱発の若い女性がいた。今は結婚して幸せに暮らしているようだが、とにかくそれだけで本が書けるくらい、ポンポン出てくるのである。

ある日4人くらいで、港区麻布十番のフレンチ・レストランで食事をしていた。すでに読者は気づいているかもしれないが、その彼女、フランス人シェフに向かって自慢のフランス語を披露した。フランス語など話せるはずもない彼女が口にした言葉は、

「アザブ・ジュボン……」

この話題、館長にも一度だけ紹介したことがあった。妙なシャレの例として。

ある日の正午過ぎ、フジテレビ系の人気番組に、ゲストとして石井館長が出演していた。司会者とのやりとりの中で、ゲストは、

「最近は、フランス語を話すんですよ」

といい出した。司会者は驚いた表情で、何かいってみてくれと促す。

私は嫌な予感がした。そのとおり、テレビから聞こえてきた声は、

「アザブ……」

全国ネットの人気番組だった、たしかこの番組は。そうなのだ。憎めない人なのだ。

変な例を紹介してしまったが、結局自分が面白いと思ったものは、すぐに自分のものにしてしまう。これだって十分にビジネスで成功するコツだといえる。

まったく新しいことを商品化するのは、リスクが高いのだが、すでに需要があると分かっているものを商品化することは、まったく新しいものに比べてはるかにリスクが低い。あとは市場のシェアをいかに多く取るかの知恵と努力に依存するだけだ。とんでもない的外れなものを作ってしまうリスクは、少なくとも存在しない。

あの有名な松下電器産業だって、いまだにマネシタデンキと悪口をいわれている。二番目にこそ高収益のビジネスモデルがあるのだ。

昔、ソニーが、世界初の携帯型カセットプレイヤーを発売した。ウォークマンが誕生したことで、わが国の若者の音楽シーンが一気に変わった。それまでは自宅でレコードを聴いていたものが、それをカセットテープに録音して、外出時に持ち歩くようになった。レンタルレコード店が爆発的に増えたのは、まさにこのころからだ。

ソニーは間違いなく、新商品による新市場の創出という意味でのマーケティングに成功した。新市場を作れば、そこでは当然、ソニーがナンバーワン・シェアを獲得する。当然だ。競合会社が存在しないのだから。

携帯型オーディオ機器は、その後、カセットプレイヤーに加え、ＣＤ、ＭＤと多様化した。近ごろではメモリスティックなども登場してきた。ウォークマンが創出した携帯型オーディオ市場は、確実に成長してきた。

ところでシェア・ナンバーワンは、今もソニーのままだろうか。答えは否である。パナソニック、つまり松下電器産業が、かなり早い時期にトップの位置に定着している。

成熟した市場でシェアを拡大するための、もっとも重要な戦略は、高品質と価格競争力であろう。これはまさに松下電器産業のお手のもの。私は過去に何度か、先に述べた松下電器産業の顧問の先生に同行して工場を見学させていただいた。まさに凄いという表現がピッタリくる品質保証体制が、そこにはあった。

すべては納期と品質を守るため。最大の差別化要因は、企業の実力そのものである。マネシタデンキは、やはり世界企業なのである。

さて話をＫ‐１に戻そう。マスコミなどで、ときどきＫ‐１はモノマネだという批評が伝わることがある。特に演出面についてはプロレスのマネだとか、特定のアーティストのマネだとかいわれている。極端なことでは、自動車レースをマネた名称だという批判もある。キックボクシングと同じだという人もいる。

しかしここに、ナショナルとよく似た経営スタイル、成功の方程式がある。これらの批判は、裏返せば、初めて観る人にとって分かりやすい、印象に残りやすいという側面がある。

人間というものは、まったく予備知識がないものを記憶することは苦手である。必然的に自分が知っているアイテムに関連させて記憶するらしい。だから初めてＫ‐１を観た人が、それをプロレスの演出とダブらせようが、自動車レースのテレビ放映とダブらせようが、そんなことはどうでもよいことである。少なくとも需要があったことを、積極的に取り入れる。そこにＫ‐１独自の差別化された要素を加えることで、Ｋ‐１は確実にファンをつかみ、そして継続性ある事業としてのニュービジネスとして定着するのである。

『分かりやすさ』こそ、もっとも重要な要素であるべきである。もしかすると、石井館長がパクった最大のものは、経営の神様である松下幸之助氏が生み出した、松下流経営戦略そのものだったのかもしれない。

■K－1リベンジ

表参道の出会いで石井館長からプレゼントされたチケットをポケットに突っ込み、私は新横浜駅の改札口を出た。向かう先は、『K－1リベンジ94』が開催されるイベント会場である『横浜アリーナ』。94年9月18日のことである。私が初めて『ライブ』でK－1を観たのは、この日、このときである。

横浜アリーナの正面入口に着いたころ、すでにそこは、人、人、人の列であった。開場前の入り口に列を作る人の流れは横浜アリーナを取り囲むようになっている。また広場に設置されたテントの中では、K－1大会にちなんだTシャツ、タオルなどの衣料品はもちろん、ポスター、パンフレットなど多種多様なアイテムが展示されている。こちらも開場を待つファン同様、長い列ができている。すでにイベントは始まっている。

私は、ファンの方たちには申し訳ないと思いながら、左側に別途設置されている招待者受付から入場させていただいた。ロビーを抜けて一足先に会場に足を踏み入れた瞬間、私は歩みを止めた。

まだ観客のいない広い会場の中央に、ライトアップされた正方形のリング。その周りを囲むように音響・照明用の矢倉が組まれている。その銀色がやけに眩しい。客席の青い色ととても綺麗なコントラストを創り出している。

会場では、最後のリハーサルが行われていた。ありふれた言葉だが機能美という言葉が、ぴったり来る空間がそこにはあった。その後私は、K－1を通じて何度も何度も、感動を味わうことになるのだが、実はこのときの異質な感動は、今だに忘れられずにいる。はっきりいって、私が知っているそれまでの格闘技イベントのグレードを、はるかに超越していた。

そうしているうちに、ちょっと空気が変わった。ドアの向こう、ロビーのほうからたくさんの人の足音と声が聞こえてきた。開場時刻になったようだ。

この大会、もっとも大きな歓声を浴びて入場した選手は、メインイベントに出場した日本のエース佐竹選手であった。まさにK-1黎明期を支えたスターにふさわしいムードを漂わせての入場であった。また試合のほうも、見事なKO勝利。ファンの期待に応える結果になった。

ところが、私が驚かされたのは、この日、これも見事なKO勝利をおさめたアンディ・フグだった。先にも述べたように、実はこの段階で、私はK-1について何の予備知識も持っていない。つまりアンディ・フグといえども、ただの外国人選手の1人にすぎなかったのだ。ところが、入場の際の会場の盛り上がり方といったら、佐竹選手のそれに匹敵するものだった。

実際、彼が白い空手着を身にまとい、黒い帯をして入場してきたのを目にしたとき、訳もなく鳥肌が立ったことを覚えている。アンディはアメリカのパトリック・スミスと試合を行い、KOで勝利することになるのだが、この勝利には伏線があり、見事なドラマを演出していた。

後で分かったことだが、アンディは期待を背負って出場した先のK-1ファイトにおいて、この相手に敗れていたのだ。しかもあっけないKO負けで。つまりこの試合は、復讐戦であった。しかも復讐に成功したのである。

なるほどこの日の大会名は『K-1リベンジ』となっている。復讐ではものものしい印象を受けるが、リベンジというのは、なんとも快い言葉である。

改めて大会プログラムを見ると、この日は4試合のリベンジマッチが組まれていた。もっとも結果的にリベンジに成功したのは、アンディ・フグだけだった。いつの世もうまい具合にはいかないものである。

リベンジという言葉、実はこの日までは、決して一般的な単語ではなかった。おそらくこの大会名を知って、改めて辞書を開いた人が少なくないはずである。ところがこれ以降、マスメディアにおいて、『リベンジ』という言葉が、とにかく頻繁に使われるようになる。

私の記憶では、テレビでもっとも多くリベンジという言葉を使ったのは、プロ野球西武ライオンズの松坂投手ではなかったかと考えている。その後は、ドラマ、サッカー、ついにはバラエティ番組のゲームコーナーでもこの言葉が使われるようになった。

私の記憶が正しければその後、流行語の候補として、何度かマスコミにも登場したはずである。つまりここでも、Ｋ‐１はブームを創り出したことになる。

話を横浜アリーナに戻す。そうなのだ。アンディ・フグは、うまく説明できないが我々日本人をひきつける魅力を持った選手であった。これは天性だと思う。石井館長がこの事実に着目しないわけがなかった。

天性に、研ぎ澄まされた経営戦略が加わるときに、新しいスター選手が誕生する。この日、アンディが大きな歓声を浴びてファンを魅了したこと、さらにただ1人、リベンジを果たしたことは偶然ではなかった。まさにその後のＫ‐１をリードするための必然であった。

次に、少し違った観点から、この日の横浜大会を見てみたい。それは経営戦略という視点において、とても重要な意味をもっていたからだ。これも後に石井館長から、雑談の中で教えてもらったことなのだが、この大会は、K‐1にとって大きな経営上の分岐点だったのである。そして、成功へ向かう道を選択することになった。

格闘技にかかわらず、この種の興行を行う場合に、イベント制作者側からみた場合、その運営形態は大きく2つに分類される。

少し難しい言葉を使ってしまったので、先に解説しておく。イベント制作を行う側ということは、つまりソフトを作る側、今風にいうとコンテンツ・オーナーということになる。この場合はもちろんK‐1を運営する側であるし、例えばコンサートのときのアーティストだったりする。その立場から見て、二通りの興行形態があるということだ。

ひとつは、『自主興行』と呼ばれるもので、他のひとつは『請負興行』あるいは『売り興行』と呼ばれるものだ。

この日の『K‐1リベンジ』は、まさしく『自主興行』で行われていた。K‐1にとって、いや石井館長にとっては、初めての自主興行によるK‐1大会だったのだ。ここに強い意志としての経営戦略があったし、また利益の源泉を確実に捉えたポイントがあった。

通常テレビ局や大手代理店が扱うイベントの場合は、それら大企業・大資本が中心となる形での請負興行方式が行われている。これはイベントの規模が大きくなればなるほど、その傾向が強くなる。

詳しい説明は別の機会に譲るが、コンテンツ・オーナーにとっては、請負興行形式のほうがリスクを軽減できるというメリットがあるのだ。またもっとも重要なプロモーションについても、独自に行うよりは、低いコストで効率的に行うことができる。

つまりコンテンツ・オーナー、この場合はＫ‐１サイドが、テレビ局からイベント制作を請け負う形の契約形態を結ぶことが、請負形式の大会運営ということになる。

テレビ局側が運営側に対して、

「今回の大会は〇〇〇円の予算で、これとこれの仕事をしてくれませんか？」

と打診してきて、何度か交渉のキャッチボールをした後、

「分かりました。そうしましょう」

と決まるわけである。

したがってこの場合は、観客が何名入場しても、また広告収入が幾らあっても、あるいは無くても、それはまったく関係ないことになる。そういう意味でリスクが少ないといったのである。

もちろんいろいろな売上品目により、予想を上回る収益があがったとしても、それもまたコンテンツ・オーナーにとっては無関係ということになる。誤解を恐れずいうならば、イベント制作の外注ということになる。

つまりその成果物としてのイベントを、どのような金額で売るかはテレビ局側の自由となるのである。つまり赤字を出すリスクは、発注元であるテレビ局側が負担することになる。

それに対して、この大会のようにコンテンツ・オーナーであるＫ‐１側が自主興行を行うとい

う場合はどうなるであろうか。選手を招聘・管理して大会を行う、つまりソフトを作るところは同じである。決定的に違ってくるのはチケット販売とプロモーションに関することである。まずチケット販売は、Ｋ‐１側で独自に行わなくてはならない。

例えばこの横浜アリーナ大会であれば、１万８千枚近くのチケットを、自分たちで１枚１枚販売しなければならないのだ。そのためには、各種宣伝媒体とのお付き合いや取り引き、主なチケット販売企業との取り引きなども自分自身でやり遂げないといけないのである。

もちろん宣伝用ポスターやテレビスポットＣＭの費用も、自分で負担しなければならない。簡単な例を紹介してみる。これにより、いかに自主興行というものが手間ヒマかかるものであるか、分かっていただけると思う。それでも意志として自主興行を行うことが必要であるというのが、実はＫ‐１の発展を支えた要因のひとつであると、私は考えている。

さてあなたは、ある都内私鉄沿線の駅前にあるケーキ屋さんのオーナーだとする。地元では、すでにかなりの繁盛店であり、あなたはひそかに事業拡大を狙っている。

そのとき首都圏に大規模出店する百貨店チェーンから、その百貨店のケーキコーナーの商品ラインナップに加えてくれないかとの提案があった。

これであれば、百貨店が指定する納品場所に、製造したケーキを一括納品することで、まとまった量の商品を販売できる。他の商品との関係や百貨店の担当者の意見への対応などもあり、多少の制約事項が発生することは予想される。しかし大きく味が変わることはないだろう。これなら、あなたはモノ作りに特化するだけで、大きく売上規模を拡大できる。

これは売り興行、つまり請負興行の形態に似ている。

一方あなたは、百貨店からの提案に対してひとつの疑問を持ったとする。

「仮に一括納品形態へシフトして、売上規模を今の5倍にしたら」

あなたは、ノートの上で試算を始める。

「当然、製造能力を5倍にしなければならない。場所も人も材料も増加して……」

普通の言葉でいえば固定費が拡大する。しかもいきなり今日からできたり、明日で止めたりできない。リードタイムが必要だ。経営力が試されるとは、まさにこのことだ。

「順調に売れているときは良い」

「しかしある日突然、あと3ヵ月で当社への納品契約を終了したい」

そのように申し入れされたとしたら……。

まったくない話ではない。百貨店だって毎日、真剣勝負のサバイバル経営をしている。業者を変更する、商品ラインナップを変更するなど、あたりまえの経営活動だ。

そのとき、あなたに残っているものは駅前でのケーキ店だったころに比較して、5倍に増えた生産能力である。自分自身で販売できる量は元のお店1軒分、つまり4倍分に相当する商品は製造できるが販売できないことになる。これが一番恐ろしい。

企業活動というものは、業種業態を問わず、突き詰めていけば『モノを作って売る』という原理原則に帰結する。『作る』だけができる体制であっては、企業としては半人前だ。なぜなら企業は継続しなければならない。

それならば独自に新たに4店舗の出店をして、製造能力に見合った直営店を経営するか？　しかしこれは経営資源という面では現実的ではない。とにかく百貨店から提案があった時点で、このようなことを検討してオーナーが決心をする。

「私は、直接買ってくれるお客さんと接したい。自分で宣伝し販売できる範囲で、少しずつ事業拡大をしていきたい。だから一括納品はできない」

これがちょうど自主興行路線ということになる。

この場合の手間、仕事量、仕事の種類の多様さは、容易に想像できるはずである。しかしこれをやることで、企業は1人前になるという判断に異論を挟む人は少ないはずである。

問題はあえて難しい経営に乗り出すかどうかという、経営者自身の判断なのである。

かくしてK－1というビジネスにおいて、その難しい経営に挑戦した日、それが94年9月の横浜アリーナ大会だった。そして見事にやりとげたことにより『K－1というソフトを自分で作って、自分で売る』ことができると証明したのだ。これは間違いなく大きな転機だった。

その後、石井館長は見事なバランスでテレビ局との契約関係を続けていく。

つまりテレビ局サイドが望む請負興行形式と、K－1側が経営体としての健全性を保つための自主興行形式を、毎年うまくミックスさせていくのである。そこには単純に収益だけで推し量ることのできない、高度な経営戦略が活かされている。

これ以降、横浜アリーナのことを『K－1の聖地』と呼ぶようになる。K－1が自立した経営体として存続可能であることを確認したのは、まさにこのときであった。そうアンディ・フグというサムライを初めてみた、その日のことであった。

私のK‐1初観戦は、あっという間に終わった。

■アンディ・フグ

ここまで私の印象に強烈に残った大会、そしてK‐1のその後の歴史に影響を与えた大会を2つ紹介した。ひとつはピーター・アーツが劇的なKO負けを喫した96年、K‐1GP決勝大会である。このときアンディ・フグが優勝した。また残りのひとつは、K‐1初の自主興行となった94年K‐1リベンジ・横浜アリーナ大会である。このときアンディ・フグがただ1人、リベンジを達成して超満員の1万8千人の観衆と、テレビの前のファンを魅了した。

ターニングポイントには、いつもアンディがいる。これは偶然ではない。

私が、最初にアンディ・フグに会ったのは、石井館長と打ち合わせをしていた都内のホテルのラウンジである。

ロビーを歩いていたアンディが、ラウンジにいる石井館長を見つけて歩み寄ってきた。トレーニング後の移動の途中だったと記憶している。そのときに初対面の挨拶をさせていただいた。

アンディは、いつもそうするのだが、笑顔で挨拶したあとは握手する。本人は普通にしているのだろうが、とにかく握られている右手が痛い。握力が強いといえばそれまでだが、とにかく痛いのだ。表現は難しいが、右手の手のひらが縦方向に折りたたまれてしまうような、そんな感じになる。こちらが驚いた表情になると、それを見てアンディは笑っている。きっと皆、同じ反応をするのだろうと思った。

ひとつ意外なことがあった。当然、席を立って挨拶したのだが、身長は私とほとんど変わらない。実は大男を予想していたので少し驚いた。この体格で１９０センチ以上もあるＫ‐１ファイターと戦って勝利していることに、私は驚いたのである。

この世界、身長・体重で上回るほうが、はるかに有利である。ましてやＫ‐１がヘビー級クラスによる無差別級といえる格闘技であるから、それはすごいことである。ボクシングの試合を観ると簡単に分かるが、細かく体重でクラス分けされている。それほど体格が勝敗に与える影響は大きいということになる。

これを機に、アンディとは大会会場以外でもよく遭遇するようになる。そのたびにいろいろな発見をするのだが、とにかく優しい人であった。不幸にして早くして故人になってしまったが、それは人に優しすぎたからではないかと思ってしまう。

日本人以上に、周囲に気配りする人だった。しかし私が一番印象的だったのは、シャイな表情をするときだった。照れるというのとは少し違うが、困った顔をするときがあって、その表情がいつも好きだった。

こちらが冗談でいっているのに、本人は真剣に困ってしまってオロオロしているときなどは、思わず噴き出してしまう。

こんなことがあった。

場所は都内の鉄板焼きのお店だ。

カウンター形式になっていて、お客さんの前には鉄板がある。カウンターの中にいるシェフが目の前で野菜やお肉を焼いて、プレートに取り分けてくれる。そういうタイプのお店だ。そこに石井館長とK‐1のスタッフ、試合が終わって数日たったファイター数名で押しかけた夜のことである。ファイターの中にアンディ・フグがいた。

それぞれがシェフにオーダーしていた。

「お肉は、いかがされますか？」

シェフの質問を通訳が選手に伝える。それぞれのリクエストを、これまた通訳が細かく聞いてシェフに伝える。

「一番奥のカウンターは、レアでお塩少なめ」

「その隣は、ミディアム・レアで……」

こんな調子で、アンディの順番になった。彼はもちろん冗談だったのだが、

「一番良い肉をレアで、5人前！」

といったのだ。簡単な英語だったから、通訳が介入するまでもなく、その場にいたほぼ全員がそれを聞いた。

そのとき石井館長が、通訳に向かって、

「『アンディ、長いようで、短いつきあいだったな』と伝えてくれる?」

といった。完璧な演技、真剣な困ったような表情で。

カウンターに短い英文が響いた。次の瞬間、このジョークでファイターたちはお腹をかかえて笑うことになる。アンディを除いて。

彼は真剣な顔をして困っていた。もちろんそれが館長の真意だとは思っていないのだけれど、とにかく困った顔をしていたのが印象的だった。悪いことに、隣に座っているファイターが、

「Good by Andy!」

などと冷やかすものだから、状況はますますアンディに不利になる。食事の後、スタッフが運転する自動車で移動したのだが、その車中でもアンディは、

「あれは冗談だったと、館長に説明してくれ」

といっていたそうだ。

「誰も、本当だと思ってなんかいないよ」

と、何度繰り返して説明しても、

「念のため、もう一度だけ、説明しておいてくれ」

と頼み込んでいたそうである。96年のK－1GP王者も、たった一言でKOされてしまった。

そのほかにも館長のアドバイスを忘れてしまって試合で負けたときも、同じ光景に出くわすことになる。注意されたのち、アンディは横に座っている私のほうをチラッと見て、

「はは、叱られちゃった」

という表情をするのだ。まさに困った顔。悪戯して母親に叱られた子供のそれと、まさに同じだ。とにかく困った顔なのだ。

その後、アンディが出演するインスタント食品のCMが話題になったことがある。その中で、彼は、

「ゴメンナサイヨ」

というのだが、私はそのたびに彼の困った顔をイメージして、本当に困ってしまったことを覚えている。アンディを目の敵にするファンを、私は知らない。

そしてこのころから、彼は佐竹選手の後継者という役割をはるかに超越して、名実ともにK－1を支えるスター選手に成長していくのである。

■まっすぐに『言う』
03年12月、角川書店から『まっすぐに蹴る（佐竹雅昭著）』が発行された。プロローグでも触

れたがこの本を手にしたことが今回の筆をとった動機になっている。このあたりで、この件について感想のようなものを書いておきたい。ある意味この本により私は決心をすることができた。佐竹氏の著作を読まなければ、私が今、こうして筆をとることはなかった。そういう意味ではキッカケを与えてくれた本である。

『まっすぐに蹴る』を手にしたのは03年12月、暮れも押し詰まったころである。ちまたでは、大晦日の格闘技イベントのテレビ放映を話題にしていた。大手のオンライン通販で購入したその本を初めて開いたとき、テレビではK‐1参戦を果たした元横綱の練習風景が映し出されていた。インクの匂いがツーンと鼻をついた。

私はいつも決まった手順で本を読む。最初に目次を見て、プロローグを見て、エピローグやあとがきを読む。本文を読み進む前にだいたいのあらすじや著者が考えているポイントを知るためだ。もともと速読方式で読み進むことで訓練されているため、そのようにしたほうが吸収力が向上するのだ。

読むというよりは、目線を右上から左下へ斜めに移動しながらページ全体を『見ている』といったほうが適切かもしれない。小説好きの友人からは、それでは話の展開につれてドキドキする楽しみが半減すると、しばしば注意を受ける。しかしこのスタイルは20年ほど変わっていない。大学受験を経験した副産物かもしれない。本を開くセレモニーのあとの感想を、最近流行しているテレビコマーシャル風にいうと、

『二番目に知ったことは佐竹氏が京都に道場を開いたこと、将来は政治の場に出たいというこ

と』

であった。これについてはすばらしい実績であり、また将来の夢だと思う。大学卒の空手家として大きな実績を作り上げた方なので、将来の夢についても、必ずやその強い意志で実現されることを祈っている。ある意味、広報的に出版というシステムを活用することは、それを支援する人たちを持っているという意味でも良いことだと思う。

出版目的は、ご自身の将来ビジョンや新しくスタートした道場の告知にあるということは、最後まで読むと分かる。しかし前半から中盤までは、暴露本的な構成になっていた。

まさにそのこと、『一番目に、目に飛び込んできたこと』を読んで、私は悲しい気持ちになった。ありふれた言葉だが、まさに悲しかったのである。

空手の先生でありＫ‐１初期の時間を共にすごした石井館長のことを、先生と思ったことは一度もなかったとのことだった。一度も……である。またお金をめぐる不満が書いてあったし、館長が周囲に対して高圧的にあたったという話。いわゆる暴露本のような内容が、ほぼ全編を通じて書いてあった。

私は目を疑った。

これが数年前であれば、その１週間後には雑誌・新聞を通じて、館長サイドからの反論が紙面に踊ることは、容易に推察できる。しかし現在は、批判の主は厳しい公判中。カウンターパンチが飛んでくることはない。それを承知の上だと考えるしかなかった。

しかしそれだけでは、私が自分のコメントを発表しようなどとは思ってもいなかった。こちらもある意味、自粛・反省中の身である。では、何があったか。

著書を読み進めていくうちに、私の驚きはさらに大きなものになった。批判の矛先が、必死にK - 1を支えてきた角田氏、武蔵氏にまでに及んでいた。さらに特定は避けていたようだが、館長の取り巻きという表現で、さらに複数の人へ。

このことが私に筆を取らせた。私は館長と出会ってすぐのころから、角田氏とはいろいろとコミュニケーションさせていただいた。裏方の仕事もしながら、ある意味K - 1や正道会館の広告塔としての仕事もしている方である。試合にも出ていたわけである。

オールラウンドプレイヤーという言葉があるが、そんな簡単なことではない。このようなタフな人物、そして周囲に気を配る人物を、私はこれまで見たことがない。

また武蔵氏にしても同様。日本人として、モンスターが居並ぶK - 1GPの世界に参戦することはたいへんなことだ。それを彼はやり遂げてきた。試合内容についての酷評があることも、もちろん知っているだろう。

彼は世界一を争うK - 1ワールドGPと日本人育成を目的とするK - 1ジャパンの両方に参加している貴重なファイターである。2つのグループに実力差があることは今さら説明する必要もないが、その点では武蔵氏がスタンダードを作っているといっても過言ではない。

そして彼は、佐竹選手に勝利して日本一になった。

1時間ほどで、著書を読み終えた後、私は顔が熱くなるのを感じた。反論ということではない

が、

「悪評された人たちは、そんな人ではないよ」

「お金のことでは佐竹選手だって、私にえらい剣幕で電話してきたことがあった」

「折に触れ、館長は、佐竹選手の健康状態のことは本当に心配していた」

など、すぐにでも発表したいことはあった。

さらにその後、「本で書かれていることは、本当なの？」とか、「俺がK‐1関係者から聞いた話と、かなり違うことが書いてあるけど」などという質問が、多数私のところにも寄せられた。

質問に答える意味でも、私の見聞きしてきたK‐1のことを伝えなければならないと思った。問題はその方法だった。

最初に考えたことは、インターネットでコメントを発表することだった。なぜなら私は、インターネット上の情報サービスを仕事とする会社を経営している。そのためのインフラと伝達可能な読者数には、ある程度ベースをもっている。これならば少しずつ書いて、意見を発表できるというメリットがあるが、一方でちょっとマイナー系のメディアになってしまう。

そんなことを考えているときに知人の発案で、「それなら、佐藤さんが見てきたK‐1についてのエピソードを、出版物として発表したほうが良いのではないか」という意見を、多数からいただいた。

中には対抗して暴露本を書いてくれというような提案もあったが、それをする気はないとお断り申しあげた。佐竹氏の著作物と同じレベルで争う気持ちはない。

あくまでも、今やメジャーなソフトビジネスとなったＫ－１について、私が知る範囲でのエピソードを紹介することで、後は読者の判断に任せたいと考えた。

ただ1点、佐竹氏の著書の中で、著者はお金については執着していないというようなことを何度も書いていたが、このことについては他で触れるところもないので、ここで書いておきたい。


これは違うと思う。

少なくともＫ－１の仕事を通じて、私が接した佐竹氏はそうではなかった。他のどんなＫ－１ファイターやマネージャーよりも、お金については厳しかったし、汚い言葉も聞かされた。

そのころ私は、フジテレビ系のコンテンツ会社とのライセンス契約に基づいて、Ｋ－１のデータベースとなるべきＣＤ－ＲＯＭソフトの制作にあたっていた。実際の企画制作業務やプログラミング作業はコンテンツ会社が行う。

私はＫ－１側の人間として、大会や選手に関する情報の整理・精査を行うとともに、商品化にあたって各選手との契約手続きを進める役割を担当していた。商品はＫ－１の映像付データベースであるから、１００人を超える選手のプロフィールを登録しなければならない。

通常の選手紹介に使用される程度のデータは全選手について掲載する。プロフィールを記載した文字データと写真である。さらに人気選手については、試合映像やオリジナル映像をムービーで入れようということになった。

そうなれば、対象は人気選手20人くらいになる。Ｋ－１の場合は、試合以外で発生するこの種の周辺権利商品で発生する収入については、そのうちの一定割合が選手に等しく配分されるようになっている。

Ｋ‐１の名称や選手の肖像を使用したことの対価として、グッズメーカーから５００万円の収入があったとする。そこから営業・契約手続きを進めてくれた代理店に手数料をお支払する。次にＫ‐１のスタッフが稼動した分の実費経費を差し引く。選手を連れて収録に行ったり連絡業務をするための経費を引くのだ。

次にＫ‐１事務局として、代理店程度の利益をキープする。利益は会社を維持するための経費である。そして残った金銭が選手へ渡る肖像権の対価になる。例えば５００万円のうちの２５０万円が選手用の原資となる。

ここからが大変だ。今回は20人の選手へこれを配分することになる。私は選手とＫ‐１の間の条件を記載した契約書を作成し、支払額を計算して、20セットの書類を作成する。これについて何度か館長とすりあわせをして、最終の契約書類セットができあがる。

大会前になると、海外の選手とマネージャーが日本にやってくる。私は試合前後の時間を使って順番に彼らと会い、契約の内容を説明し、メリットを説明して契約締結をしてまわるのである。この例であれば、５００万円の売上から経費などを差し引いた残り、２５０万円を20人で分けることになる。１人当たりに支払うことができる金額は10万円から15万円くらいとなる。はっきりいって少ない金額である。

それでも海外のプロモーターや選手は、ニコッと笑ってお礼をいってくれる。その場で契約書にサインしてくれるのである。

もちろんいくつものアイテムを順次商品化していくことで、合計すればある程度まとまったお金になるように、こちらも選手のために努力するのだが、すくなくともこの商品についていえば、少ない金額のロイヤリティを支払う程度のものである。

これは角田氏や武蔵氏についても同様で、丁寧に対応してくれる。こちらも金額が少なくて申し訳ないというようなことを伝えるのだが、快くお礼の言葉を口にしてくれるのだ。

それを聞いて私はいつも安心するとともに、また他の案件をカタチにすることの決意を固めるのだが、この両名にこそ、お金のことで交渉された覚えがない。

最後に残ったのは佐竹氏だった。試合に出ていなかったのでK－1会場にゲストとして来場する前後にアクセスすることにした。しかし結局、会うことができなかったので、人を介して契約書案を本人、またはマネージャーに手渡してもらうことにした。

その翌日、私がK－1事務局にいたところへ本人から私あてに電話が入った。


若いスタッフが、取り次いでくれた。

「佐藤さん、佐竹師範代（たしかそのように呼んでいたように記憶している）から、お電話が入っています。『佐藤いるか！』と怒った口調ですが……」

私は、いやな予感と共に電話に出た。

挨拶が終わるのを待つこともなく、佐竹氏は一気に話しはじめた。

「おー、佐藤か。お前、なめとんのか！」

私はよく事情がわからず、その先の話を聞いているうちに、ようやくその口調の理由がわかった。ポイントは次のようなことだ。つまり、
・そんな安い金で、俺の肖像権やビデオを使えると思っているのか。
・商品の企画段階から、俺を入れないのはなぜだ。
・俺は、テレビに出れば高いギャラを取れるんだから、バランスを考えろ。
・自分単体の作品でなく、その他大勢ということであれば、興味ない。
ほかは忘れてしまったが、このようなことをいくつか一気に電話でいわれた。内容はともかくとして、言葉が汚いと思ったのを覚えている。

私は佐竹氏の門下生でもないし、弟子でもない。単に周辺権利商品を作るにあたって、キャラクターのひとつとして使わせてくれないかという提案を出したに過ぎない。

ビジネスの場面で提案書を出されたときに、思っていたよりも安い金額だからといって、相手を怒鳴りつけることは、普通のビジネスマンならやらないだろう。

メーカー側の強い意向がなかったら、データベースから佐竹氏のデータを抜いていたはずである。そのほうがスムーズに商品化できるからだ。ただこのCD‐ROMについていえば、担当しているメーカーの責任者が佐竹氏のファンであったため、どうしてもその映像は入れたかった。

この電話の話をしたときに、ファンだった担当者はとても悲しい顔をした。しかしここでは、あくまでも佐竹氏にも参加してもらう方向で話を進めるしか方法がなかった。

私は石井館長に相談した。すぐに決断はなされた。その後しばらくしてCD‐ROMは発売された。佐竹氏にはファイター数人分のロイヤリティが支払われることになる。

この関係でひとつ書いておかなければならない。その電話のことを何の気なしに館長に雑談的に話した。顔色が変わった。館長の携帯電話は、すぐに佐竹氏の携帯電話を呼び出していた。電話口の佐竹氏に事実確認をしていた。

「そのような電話をしたか」

「そういう口調で話したか」

と確認している。

その後の言葉を聞いて、私は感動した。

「佐藤さんに、そういうことをいうのは、俺にいってることと同じやで。分かってるか」

「2個1なんやから、気をつけてモノをいわな、あかんで」

その言葉が、それ以降の仕事の進め方について大きな自信になったことは間違いない。そのようなことを、その場で本人を前にしていってくれる人なのだと、改めて尊敬の念を覚えた。

その石井館長のことを、佐竹氏は、『一度も、師匠と思ったことはない』そうであるが……。

ちなみに私はビデオゲームの発売にあたって、佐竹氏のキャラクターを使用していない。

その後も、K‐1キャラクターを使用した玩具、インターネットコンテンツなどの商品化に際して、私は一度も佐竹氏に提案書を提出していない。

当然メーカーサイドからは、希望選手として何人かの選手といっしょにリクエストはあがっていた。しかし私は石井館長との事前打ち合わせの段階で、企画内容を少しずつ調整することになる。目的はスムーズな進行、コストパフォーマンス、将来性との関係などになるのだが、CD‐ROMのことが嫌な思い出になっていたことは否定できない。

その後も、いくつかの周辺権利ビジネスを担当させていただき、いろいろな商品をリリースさせていただいた。そのパッケージには角田氏、ムサシ氏、アンディ氏などがいつも映っていた。人気のK‐1ファイターとしてテレビに出るから人気が出る。K‐1から離れてしまったら普通の人になる。その後佐竹氏をブラウン管で見る機会が減ってしまったので、この思い出のこともすっかり忘れていた。

場面は違うが、大企業の部長がスピンアウトして事業を起すが、目だった成功を納めない例が少なくない。それまでに背負っていた看板、守られていた傘の大きさというものは、なくなって初めて分かるものではないだろうか。

今となっては笑い話であるが、K‐1で仕事をしていた時代に、はじめて理不尽に感じた出来事であった。その本人が私の出版のきっかけを作ってくれたということは、不思議な因縁でもある。そういう意味では、今私がもっとも感謝しなくてはならないのは、佐竹氏かもしれない。

自分のビジョンを出版という形で、発表することは良いことだと思う。多くの人に、自分の考え方を伝えることができるということはすばらしいことだ。また、そのようなことができる人は恵まれた人でもある。しかしそのために他人を中傷することは、いかがなものだろうか？

周囲にいる人は皆知っていることだが、私が本人に向かって意見することは日常茶飯事である。ときには口論になることもある。しかし本人がいないところで他人の悪口を言ったことはない。意見するときは本人を目の前にして、『まっすぐに言いたい』と考えている。

第三章

ファンが観たいと思う試合を実現する

■K－1のKは顧客満足のK

石井館長と仕事をする機会に恵まれて驚いたことは、顧客第一主義の徹底ぶりだった。

長い不況に突入してから、顧客満足度という言葉が注目されるようになった。しかしこれは何も新しい概念ではない。以前から営業マン用のマニュアルなどにも、必ず『困ったときには、まず既存のお客様を大事にしろ』的なキーワードが書かれていた。

また成功した経営者の自伝などを読んでも、それは必ず紹介されている。

『顧客満足度の向上こそ、わが社の理念』

『現場、現物、現実主義』

『マーケット・イン』

など、これはすべて同じことをいっている。もしかしたら、

「事件は、現場で起きている」

といった刑事さんも、そのことを知っていたのかもしれない。

石井館長がよく使う言葉、それが、

「私は、ファンが観たいと思う試合を実現する」

という言葉である。ファンにとってみればこれで十分なのである。

ファンとしてみれば、自分が観たいという対戦カードを、折にふれ公表しておけば、何かの機会に館長の目にふれ、そのまま実現してしまうかもしれないのだ。

実際K－1ファンが運営するそれぞれのウエブサイトを見ると、必ずといってよいほど夢のカ

ードという形で、各ウエブオーナーが考えるマッチメイクが掲載されている。ちょっとしたバーチャル・K-1プロデューサーというわけだ。

ファンが観たいという部分は、石井館長自身が観たいカードといってしまってもよいのではないかと私などは考えていたが、この基本を外さなかったことはすばらしいと思う。とにかく観たいカードは豪華カードとなりやすく、それは契約の難しさという点でも、ファイトマネーという点でも、容易なことではないことは、読者はすでに気づかれていると思う。

私などは長く、経営企画の仕事をしてきたので、むしろ『マーケット・イン』という用語がしっくり来るのであるが、まさにこの10年、K-1の経営者はこれを実践してきた。

考えてもみてほしい。リストラの嵐が吹き荒れ、金融機関の統合が進む中で、K-1のビジネスは急成長した。おまけに海外まで進出して外貨を獲得してきたのだ。

『厳しい時代にこそ、顧客満足度をあげることが重要だ』

と、このように訴えてきた評論家やコンサルタントの先生にしてみれば、これほど分かりやすい事例はないのではないか。

このあと少し、私が館長のそばで見つけたマーケット・インの実践例を紹介したい。

現場の担当者ではなく創設者・オーナーである本人が、こんなに細かいことまで考えるのかということが、何度となくあったことの一部を紹介したい。

あたりまえだと思うのは簡単だが、トップが実践することは、決して簡単ではない。

■分かりやすさ

ファンの声を聞くためには、まず商品そのものが分りやすいことが重要だと思う。素人なりにK‐1についての私の理解方法を述べると、以下のようになる。

・赤いグローブのファイターが、赤コーナーで紹介された人
・青いグローブのファイターが、青コーナーとしてパンフに載っている人
・立ってやる格闘技なので、倒れたほうが負け

この3つのポイントで私はK‐1を整理している。これは普通の人が、普通の感性で理解できることだと思う。だから分かりやすい。ルールを知らなくてもそれなりに楽しむことができる。最近は、総合格闘技もかなり人気が出てきた。しかしこれはある程度知識が必要なのだ。サブミッション（間接技）に代表される寝技があるために、事は複雑になる。

まず寝技に入ってしまうと、アリーナ席の後ろのほうからでは試合内容が見えない。また、下になっている人のほうが上になっている人に関節技を決めて、勝利したりする。これはある程度専門知識が必要である。私はこの簡単さ、分かりやすさが重要だと思う。

サッカーを観るような感覚でK‐1を観ることができる。サッカーだって、オフサイドを知らなくてもある程度楽しむことはできる。これが重要だ。これがファンのすそ野拡大に必要なことだ。

そのことによって母集団が増えるから、そこから寄せられるファンの声、すなわちマーケットの声は、価値を持つのだ。つまり規模による経済性を持ってくる。観て簡単なものを作るには、

実は高度で複雑なシステムが必要である。自動車でもそうだ。マニュアルシフトの自動車を作るよりは、オートマティック車を作るほうがはるかに高いレベルの技術を必要とする。

簡単にするほど難しいのだ。マーケット・インの基本はここにあると思う。

従来からの格闘技ファンだけを相手にしていたのでは、昔のキックボクシングブームを超えることができない。

プロレスファンを巻き込み、おしゃれな音楽コンサートに慣れた若い層を取り込み、さらにはサッカー、野球、テニスなどのスポーツを観戦してきた層を取り込む。それにより新市場を獲得していきながら、そこに徹底したマーケット・インの考え方を持ち込む。

そのことによって、強力なリピーター集団が誕生する。だからこそ不況下の10年の間に、驚異的な成長を遂げたエンターテイメント・ビジネスが誕生したのだ。

■ホームページ

今の時代、エンドユーザーの声をダイレクトに吸い上げるという点で、欠くことのできないツール、それはインターネットである。石井館長はインターネットを早い時期から効率的に活用した点でも、すばらしい着眼点を持っていたと思う。

当初K‐1のオフィシャルサイトの制作・運営は私の知人が担当していた。ちょうどパソコン通信全盛であったが、水面下では確実に、インターネットへの地殻変動が始まっていた時代である。私と館長の間でホームページの話題が出始めてから、約8ヶ月したころ、最初の『K‐1

オフィシャルウエブサイト』はオープンした。

「えっ？　8ヶ月もかかったの？」

そういう声が聞こえてきそうである。そうなのだ、8ヶ月もかかったのである。ここに新規案件をスタートするときのひとつの特徴が出ている。

「インターネットというものが流行し始めたらしい」

「情報伝達という点では、ひじょうに経済性があるものらしい」

「そして何より、楽しいものらしい」

どこで聞いてきたのかは知るすべもないが、館長が私に、この種の話題をふってきたのは、世間一般のトレンドからいっても、かなり早い時期だった。

しかしその後のアプローチに感心してしまった。つまりそれほど事例がない時代に、スタートするにあたってのいろいろな心配事を話し始めたのである。経営企画部でのミーティング的にいうと、『リスク管理のステップ』である。

多種多様なリスク分析をする中で、もっとも心配したのは、情報管理に関する部分だった。インターネットの匿名性に起因する情報テロの類への対策である。ひらたくいえば『悪口』のたれ流しへの対策が必要であったということだ。

このときまさにK－1はスタートアップした時期だったため、イメージを作っている段階では、そういうことへの対応は慎重にしなければならない。仮にその悪口が事実と異なっていたとしても、マイナス効果は十分あるからだ。

そのマイナスの大きなインパクトを予想するのであれば、むしろ効果の規模が読めないインターネットの活用は、少し待つべきではないか。そのような議論をしていた。

7ヶ月間ほどそうしているうちに、決定的な事実がK‐1オフィシャルウエブサイトの制作・稼動開始へと私たちを動かすことになる。きわめて実践的な目的のために、それはスタートした。ある日の打ち合わせに、海外の渉外業務を担当するスタッフが同席することになった。打ち合わせも終わったころ、

「最近、海外のファイターからの問い合わせが、急に増えているんですよ」

海外担当が、やや疲れた表情で口を開いた。

「何を、聞いてくるの?」

と私が問うと、

「K‐1ルールについての質問です」

質問の主は、すかさず答える。

つまり、K‐1の噂を聞いた海外のファイターやプロモーターが直接電話してくるというのだ。目的はシンプル。噂のニューファイトの内容に興味を持って、それに自分が対応できる種類のものならば参戦したいということだ。

売り込みといってしまってもよいのだが、この種の質問が増えたという。

確かにK‐1の大会があるたびに、館長は海外の有力なプロモーターやメディアを招待してい

た。参戦したファイターなどによる口コミもある。またアンディ・フグなどは、地元スイスでK‐1のイベントを開催して、国民の半分が観るという途方もないテレビ視聴率を記録したりしていた。これらの地道な活動が、確実に世界へ向けてK‐1の根をのばしていったことに間違いない。かくして確実に世界のファイターの目は、日本発の新しい格闘技に向いてきたのである。

選手の質問は、至ってシンプル。

「いったい、どういうルールなのだ」

「どうやったら、候補選手としてエントリーできるのだ」

「エントリー用紙みたいなものがあれば、送ってくれ」

「次の大会は、いつだ」

この調子である。そのたびにK‐1オフィスのスタッフは、国際電話で対応したのち、相手の指定番号へ『K‐1ルール』と『エントリー用紙』をFAXしなければならない。しかも時差の関係もあり、この種のコミュニケーションが行われるのはだいたい夜だ。たいへんな仕事だ。

そこで海外の渉外担当と私が考えたお手軽対策が『インターネット上のウエブサイトにK‐1ルール』を書いて掲示しておくことだった。

その時点では、デザインや機能を争うような『すごいウエブサイト』を作る気などまったくなかったので、とにかく英語のテキストで書かれたK‐1ルールを、電子的に掲示しておくだけだ。

もちろん問い合わせメールなどを直接受け付ける気もないし、ましてや掲示板などない。無味乾燥なサイトだ。石井館長の心配もない。双方向性のインターネットが強調される中、一方通行のサイトができあがった。

効果は抜群だった。まず制作のコスト。とにかく1ページ作るだけだから、ほとんどゼロに等しい。次に海外から問い合わせてくる外国人にとって、電話しながらリアルタイムでK‐1ルールを知ることができる。しかもFAXで送られてくるかすれた小さな文字ではなく、くっきりとした大きな文字だ。そして国際電話料金がかからない。

K‐1側としても効果は抜群。なにより国際電話で長時間拘束されることがなくなっただけでも、天国のようなものだ。さらに国際電話を使ったFAXも送信しなくて済む。まさにインターネットさまさまだった。

この業務改善による経済効果、合理化コストダウン効果はたいへんなものである。とにかく投資規模といったら、ほんのわずかなウエブサイト用のサーバースペースと、1ページのウエブページ制作コストだけだったのだから。

今の時代、ようやくインターネット・マーケティングが定着しつつある。最初のころは、インターネットを使ったエンターテイメント・コンテンツに課金してみたいな、かなり勘違いしたビジネスモデルが氾濫した。ところが今はどうだ。

もっとも効果を挙げているのは、お得意様向けのダイレクトメールとしてのインターネット活用だ。企業とお客様がリアルタイムでDMをやりとりする。

とにかくほとんど無料なのだから。通常DMを作成して送付すれば、切手代を含めて単価は約100円だ。1万人にDMを送るとなれば約100万円かかる。しかも企画立案からDM到着までの期間は、少なく見積っても1週間はかかる。

それなのにインターネットメールで送れば、1万人に送ろうが、5万人に送ろうが、ほとんどタダ。しかもリアルタイムだ。おまけに最近ではケータイにメール送信するものだから、外出していても、しっかり捕捉されてしまう。

すごい時代だ。これがビジネス現場におけるインターネット活用の本質だと思う。コミュニケーションコストを最小限に抑えることで、事業全体の合理化コストダウンを実現してしまうのだ。時代はまさに高速経営。かくしてK‐1ルールは、最新のツールによって世界へ発信された。

ところが良いことばかりではなかった。これがウエブサイトを制作して運営する担当者にとっては、長い長い戦いの始まりだったのだ。もちろんウエブサイトでK‐1ルール閲覧が可能となってから、気のせいか海外からの情報提供は増えてきたように感じられた。これはすそ野の拡大、あるいは自己増殖可能なビジネスモデルの構築という点では大成功を納めていた。

しかし私たちは、インターネットの持つもうひとつの側面を見失っていた。それは検索エンジン。新しくオープンしたウエブサイトは確実にデータベースに登録され、K‐1というキーワードを思いついて、自分のコンピュータから入力した人のディスプレイには見つかってしまう。

あなたがK‐1ファンとする。そして時代に先駆けて、インターネットを日々活用しているとする。目の前には検索エンジンのページがある。それがヤフーであろうが、MSN、グーグルであろうが何でもよい。あなたはきっと、さっきテレビで観たばかりの『K‐1』というキーワードを入力して、関連ウエブサイトを検索してみようと思うに違いない。

さて結果は、案の定多くのウエブサイトのリストが表示される。Ｋ‐１という文字を含んだサイトのグループだ。たぶん当時のそれは、ほとんどＫ‐１ファンが作ったサイトであったはずだ。感想を書いたり観戦記を書いたりしていたはずだ。その中であなたは、あるサイトに気づくことになる。

インターネット上の電話番号、あるいは住所であるＵＲＬを見たら、なんとそのサイトのそれは、www.k-1.co.jp、と書いてある。

これはどう見ても『Ｋ‐１オフィシャルサイト』である。そこであなたは期待に胸躍らせて、そのＵＲＬ表示をクリックする。きっと華々しい格闘シーンやスター選手のグラフィックが表示されるはずである。

画面が変わった。そこに表示されたのは英語の長文。タイトルには『Ｋ‐１ ＲＵＬＥ』と書いてある。隅からすみまでページを眺めたが、それ以上はどこにもリンクできない。あなたはむなしく、ブラウザーの『戻る』ボタンを押して、もう一度検索結果のリストページへ戻る。

インターネットでは、もうひとつ悪いことがある。Ｋ‐１オフィシャルサイトにはコミュニケーション機能がないのだが、ファンサイトでこの事実を話題にして、ファン同士で盛り上がることは十分可能なのだ。

ファンサイトの掲示板がクセモノだ。そこは到底われわれのコントロールが及ぶものではない。しかしＫ‐１ルールサイトにより、確実に話題は提供してしまったのだから。

■新たなコミュニケーション・メソッド

『海外向けK‐1ルール告知サイト』として初のK‐1オフィシャルウエブサイトが公開されてから、インターネットの世界ではちょっと困った現象が起きてきた。

前にも書いたように、当初のK‐1オフィシャルウエブサイトには、読み手からの発言を受け入れる機能を設定していなかった。もともと英語だけのサイトだったのだから、必要性も感じていなかったし、ファンとのダイレクト・コミュニケーションの場にしようなどという高いレベルの目的がなかったからだ。

そうしているうちに、当時のパソコン通信オタクの友人から、

「最近、格闘技系の掲示板やファンサイトで、K‐1オフィシャルサイトのことが、かなり話題になっているよ」

という情報を提供してもらった。

「どんな話題になってるの?」

当然、私はそんな質問をする。

「オフィシャルサイトなのに、つまらない」

そういうことになっているらしい。

そこで私は、それから1週間くらい、発見できる限りのK‐1関連ファンサイトを探し出しては閲覧して回った。インターネット上にファンが開設しているウエブサイトや大手パソコン通信ネットの中にある格闘技関連の掲示板『BBS』などだ。

そこで分かったこと、それはファンがK‐1オフィシャルウエブサイトに求めるものは、やはり試合の写真、大会スケジュールおよび結果、さらには試合を離れたファイターの素顔などであることだ。いや予想どおりだったというべきかもしれない。

そうそう何よりもファンが望んでいたのは、日本語で書かれたサイトだった。

これは困った問題だ。もともとインターネットの匿名性ゆえ、この分野に多くのパワーはかけたくなかったわけである。たしかにファンが望むようなエンターテイメント色豊かなサイトを開設すれば、イメージアップというポイントを通じて、プロモーション効果はあるに違いない。当時としては十分に先進的だったし、

「さすがはK‐1、さすがは石井館長」

ということになる。しかし両刃の剣である。

ここはまず石井館長に相談することにした。さて館長の回答は、きわめて明確だった。

「そんなに多くのファンが望んでいるなら、コンセプトを変えてグレードアップしましょう」

「考え方を変えれば、K‐1自身で格闘技雑誌・プロレス雑誌に匹敵する自前のメディアを持てるということじゃないですか。手間かかると思いますが、よろしくお願いしますよ」

「ファンが望んでいるなら、要望に応えるべきだと思います。ファンが見たいコンテンツを提供しましょう」

この一言でK‐1オフィシャルウエブサイトは、その1ヵ月後に未公開写真やプライベートのファイター情報を満載した楽しいサイトに変身した。

もちろんファンの方々は、ウエブサイト内に設定された投稿用宛先へメール送信することにより、ダイレクトに館長へメッセージを送ることができるようになった。

そういえば最初にK‐1オフィシャルウエブサイトのトップページを飾ったのは、偶然にもアンディ・フグだった。いつも節目にはアンディがいたということを、改めて実感させられることだ。実はあのとき、トップページに人気ファイターの写真を使おうと決めていた。デジタル系の写真については、肖像権の問題もあり、当時はまだ外部に対してその利用を認めていなかった。ただしこれはあくまでも外人ファイター側の都合である。契約関係が複雑であり、なかなか実行できなかったのだ。

さてトップページの写真のこと。実は最初に考えたのは、佐竹選手であった。アンディが台頭し、さらにピーター・アーツが圧倒的な強さを誇っていたとはいえ、やはり国内における日本人最強ファイターである佐竹選手の人気はトップクラスだった。

しかしこれを実現するには、権利問題のクリアのための負荷という点で、実は外人ファイター以上に骨が折れるという結論に達した。そこでアンディ・フグに白羽の矢が立った。クリアすべき権利問題が多いだろうと思いつつ、本人と当時のマネージャーに話を持ちかけてみた。

ところが答えは意外に簡単。何の問題もなくその場でOKが出た。アンディのセリフを今でも覚えている。

「K‐1オフィシャルウエブサイトで使ってもらえるなら光栄だ。何の条件もないから自由に使ってくれ」

「K‐1のため、ミスター石井のためになるなら、私はウェルカムだ。もちろんスイスからも見てもらえるのだから、私にもメリットがある」

タフな交渉を予想していた私にとっては、嬉しい誤算だった。かくしてオフィシャルウエブサイトのトップページには、彫りの深いアンディの顔写真が掲載されることになった。

ウエブサイトにはいろいろなメニューを用意した。それらを運営する中でK‐1らしい傾向としては、大会情報のページのアクセス実績がある。

プロレス関連のパソコン通信やアイドル系サイトの傾向としては、毎日平均してアクセスがあることがあげられる。大会やコンサートの前後では、一時的に若干のアクセス増を記録するが、基本的には毎日、一定のアクセス量がある。

しかしK‐1の場合は、かなり事情が異なる。なんと普段は、ほとんど目立ったアクセスがないのだ。初めて訪問してきた方が、未公開写真を閲覧したり、素顔のファイター的なテキストを閲覧する程度である。

ところが大会が近づくと事情は変わる。突然アクセスが増えるのだ。その通り、K‐1ファンは日常からK‐1の話題で盛り上がっているわけではなく、試合で盛り上がっているのだ。したがって急に、しかも短期的にアクセスが増えるのは、次の4件である。

・大会前のマッチメイクの発表
・チケット発売情報
・テレビ放映スケジュール

・そして大会中から終了後にかけて、試合結果

と、きわめて分かりやすい構造になっている。

ところがこれらの情報発信メニュー以上に利用頻度の高い機能があった。それはダイレクトにK‐1事務局や石井館長にメッセージを送ることができるメール送信機能だった。

ファンから寄せられるインターネットメールの数は、中途半端なものではなかった。平均すると1週間で300から400通はあったように記憶している。

私はある日、石井館長との打ち合わせが終わった後の雑談の中で、その話をした。すると館長は、

「そんなにあるんですか？　でも、クレームとかも、あるんでしょうね」

と尋ねてきた。私はほぼ全部のメールに目を通していたので、事実をそのまま伝えた。

「5％くらいはクレームや悪口の類も含まれています。あとは感動したという嬉しいメールや大会運営に関する提案などです」

すると館長は、明日の打ち合わせのときに、新ウエブサイト開設から1週間した時点で寄せられたメールを持ってきてほしいと頼んできた。全部のメールをだ。

私は快諾して、翌日午後の打ち合わせの際に、プリントアウトしたものを持参した。A4判の紙ファイルに3冊分の量があった。館長は1時間ほどかけてすべてのメールに目を通した。そしてその後、この光景はルーチンワークとなる。とにかくすべてのメールに目を通すのだ。その数は膨大だった。

そのファイルは、ほぼ毎週1回のペースで私の手元に届いていた。それはK‐1オフィシャルウエブサイトに寄せられたウエブ訪問者からのインターネットメールを、Ａ４判のホルダーにファイルしたものだ。ウエブ管理者から定期的に届けられる毎回週刊誌2冊分程度の厚さのファイルを、館長との打ち合わせの際に持っていくのだ。その中でも特に石井館長がよく読んでいたと思えるのが、クレームに関するメールであったように感じていた。


「○○と○○の試合は、見合っているばかりで、つまらなかった」

「○○は、いつも判定ばかりで、盛り上がらないから、出さないでほしい」

「アリーナ席に座っていたけど、後ろのほうだったので、よく見えなかった」

「いつもはアリーナ席で楽しんでいたのですが、今回はチケットを入手できず、やむをえずB席（後ろのブロック）を買って入場したが、見えにくいだけでなく、音も聞こえにくいので、観に行った喜びがない。」

「演出がワンパターンじゃないか」

「開会式が長すぎる」

「チケット販売のときと、出場選手が変わっていた」

などなど、いろいろなクレーム・不満が寄せられていた。


これに対して石井館長はひとつひとつ対策を考え、できるものについてはすぐに改善を加えていった。

メールを読んだその場で携帯電話を取り出し、担当者にクレーム内容を伝え、その対策を検討するように指示していた。ときには自分から改善案を示し、それが実現可能かどうかというようなアプローチを取ったこともあった。これらのプロセスにより改善した例がいくつもあるが、私が特に印象的だったのは、次の2点である。

まず最初は、「後ろのブロックだと、音が聞こえない」というクレームについての対応であった。さっそくその後の大会で会場内の全部の席をうろうろしながら回ってみた。現場での連絡取りの関係で、どうしても関係者はリングサイド付近にいることが多い。したがってK‐1独特のあの激しい音に対して、ある意味慣れっこになっている。

K‐1をライブで観る場合、目に飛び込んでくる映像にも増して、迫力ある音による興奮も相当のウェイトを占めている。これはテレビ放送でも同じことである。テレビの場合はリングと会場に巧妙に配置されたマイクロフォンが、臨場感ある音を拾ってお茶の間に届けている。

最後部の席へ行ってみた。確かに遠くから音がもれ聞こえてくるだけなのだ。愕然とした。音の件については、なんとか改善しようということになった。

その後、横浜アリーナ大会があった。第1試合が始まった直後、さっそく2階席の一番後ろの通路へ行ってみた。なんとアリーナ席に匹敵するような、迫力ある音が響き渡っているではないか。心なしかそこに席を取っているファンの顔も活き活きしているように思えてくる。

「いったい、どうやって、サウンドを作っているのだろう?」

そう思って周りを見て驚いた。なんと2階席の壁面や主な柱には、仮設のスピーカーが取り付けられていたのだ。横浜アリーナを1周するこのスピーカーの群れが、2階席のためだけに取り付けられていた。

もともと2階席というのは、リングから遠いということもあり、チケット代を低く抑えた設定になっている。いわばもっとも利幅が薄いグループである。それなのにそこ専用に、新たなコストをかけたという点に、凄さを感じたのである。

この話題は、のちに館長との雑談の中でもしばしば話題になった。館長の答えは、これまたいつもどおり、シンプルであった。

「2階席を買ってK‐1を観にきてくれる人は、本当に好きで観にきてくれていると思うのですよ」

「試合だけ観るならテレビのほうがよく見えるわけじゃないですか。それなのに限られたお小遣いの中からチケットを買って会場にきてくれてるわけだから。そういうファンを大事にしないといけないと思うんですよ」

「実際、リングからは遠いわけだから、選手の顔まで肉眼で見えるようにしてあげることはできないけど、リングサイド並みの迫力ある音を届けることはできるわけだから」

こういって、笑っていたことを覚えている。


同じようなことを、あとひとつ紹介しておきたい。それは、「アリーナ席の後ろだと、リングが見えにくい」というファンの声への対応だった。

実際、リングと同じ高さに設営されるアリーナ席の場合、フラットな場所に設営されるため、後ろのほうへ行くと、どうしてもリングが見えにくくなる。

これはＫ‐１に限らないが、この傾向が特に顕著になるのは、東京ドームなどの大きな会場である。実際、同じ料金を支払っても、運がよければリングサイド、運が悪ければほとんど下のランクのブロックの最前列と同じという具合になってしまう。

そして直後の大会前日、会場設営作業が始まったころ、私は会場の隅に高く積み上げられた膨大な数の木の箱を見つけた。いったい何に使うのだろう？

その答えは翌日の会場入りとともに判明した。なんとアリーナ席後方には、手製の低いひな壇が作られていたのだ。本来フラットなだけのスペースに、木の箱の積み木により、なだらかなスロープが作られ、その上に椅子が配置されていた。これなら後ろからでもリングがよく見える。しかし使用している部材の数、作業する人間の数、どれを取ってもすごい手間とコストである。しかし改善は確実に行われていた。


これらはほんの一例である。しかしインターネットメールにより、ファンからダイレクトに寄せられたクレームを活用し、ソフトとしての品質を向上させていこうとする強い意志が感じられるのではないだろうか。経営に関する本を読むと、

「お客様のクレームは宝物だ」

というメッセージを、よく目にする。しかし実際に、そういう現場に遭遇した場合、すなおにクレームを聞くことは容易なことではない。

営業・セールスの現場、クレーム対応係でさえ苦労が多いが、ましてや最高責任者がひとりひとりのファンの声を聞こうという試みである。その難しさは容易に想像できる。もちろん直接顔を合わせて意見交換する場合には、館長の意見と異なり、ときには激論となることもあったはずである。これを怒られた、どなられたと表現した人もいたようであるが、それはK‐1の確立を、まず第一に考えたからだと思っている。

その点インターネットメールはよかったみたいだ。リアルタイムで反論されることもないし、好きなときに発言できる。そして何より郵便やFAXと違い、連絡コストがかからない。これが最大の要因であったとすれば、気楽にファンの声を聞かせてくれたという点で、まさにインターネットさまさまであった。

思い起こしてみれば、海外向けのK‐1ルール発信のために開設したK‐1オフィシャルウエブサイトは、のちに貴重なアンテナとなっていったことになる。そしてアンテナから吸い上げられる市場の声を取捨選択することで、K‐1というソフトは少しずつ品質を作り上げていった。途中に媒体が介在していない凄さ、作り手と買い手の間のダイレクト・コミュニケーションの破壊力を、肌で実感したときであった。

館長がいつも口にしている言葉、つまり、

「ファンが観たい試合を、実現していく」

これを継続的に行っていくためのインプットツールとしては、まさに抜群の性能を発揮した仕組み、それがインターネットの活用であったといえる。

ちなみにその活用方法は、その後ますます高度化していく。単に技術という点だけではなく、権利ビジネスとしての先進性という意味も含んで高度化していくのである。ここで一気に紹介してしまいたい気持ちはあるのだが、インターネットの話が長くなりすぎると、それこそクレームが出てきそうなので、ここで一旦終わりにする。

■マッチメイク

さて、ファンが観たい試合を実現するという石井館長の思い、あるいはK‐1の事業の原点といっても良いと考えるのだが、それは『魅力的なマッチメイク』という形で、ファンの目の前に表現される。

K‐1のスター選手同士の対戦もあるし、異種格闘技の様相を呈する対戦もある。またスター選手と初登場選手の戦い、さらには初登場選手同士の戦いもある。それがどんな対戦になるのかはまったく未知数であるが、事前に決めなくてはならない。

館長は何人かの専門家の意見を参考にしながら、最終的には自分の判断で、対戦カードを決めていく。

「○○選手と○○選手が対戦したら、かみあうはず」
「スター選手同士だけど、今まで対戦したことがないな」
「新しく売り込みにきた選手、おもしろそうだけど、誰と対戦するのが良いか」
こんな検討を毎日繰り返していく中から、対戦カード案が決まっていく。

今や、多くのファイターがK‐1出場を夢見て、候補者としてエントリーしてくる。まさに玉石混合状態の中から、独自の基準と感性で選手を絞り込み、次には対戦カードを構築していく。しかしこの段階では、あくまでも対戦カード案である。これから選手やマネージャーとの交渉が始まる。これらのステップをクリアして初めて対戦カードが決定する。

これらの全工程をマッチメイクというのである。相手は、ひとクセもふたクセもある選手たちだから、それは大変な作業である。これらのプロセスが傍目からみていればいかにもルーチンワークのように流れることにより、ビジネスとしてのK‐1には自己増殖の仕組みができつつある。そしてそのエンジンに当たるのが、マッチメイクの機能である。

しかもはっきりいって、この部分はミスター石井の職人芸といわざるをえない。経営システムという言葉とは相反するように感じるが、ここは個人芸である。いわゆる属人的な部分である。なかなか他人には、マネができない。

不幸にして一時期、ミスター石井がマッチメイクの作業を行うことができない時期があった。もちろん代わりにK‐1を守ったプロの面々が作ったその時期のK‐1というソフトも世間一般からみれば、疑いなく一流のレベルにはあったと思う。

しかし超一流にはなりえなかった。マネができないことを証明する結果になった。実は私は、過去に同じような経験をしたことがある。

東証一部上場企業である株式会社ＣＳＫの本社に、社員として在籍していた当時のことである。大川功氏という有名なオーナー社長が創業した会社である。のちに独立系ソフトウェア会社としては国内第一号の上場企業となった会社だ。その大川社長が幹部社員を集めて訓示するときに、必ずといって良いほど出てくる言葉が、

「会社は金太郎飴のようでなければいけない。どこを切っても同じ顔が出てこないといけない」

というものであった。

改めて解説する必要はないと思うが、全社員が同じビジョンと理念を共有していないといけないということだ。

今話題の牛丼チェーンの例でいえば、どこのお店に行っても均一・均質のサービスで牛丼が提供されるようなシステム作りが肝要だということになる。また経営幹部たるもの、誰に聞かれてもトップの考えと同じように、部下やお客様に話すことができなければならないということだ。もっと極端ないい方をすれば、ミニ大川社長がたくさん出来てくればよいということだ。

大川社長は、折に触れて幹部社員に向かって、

「簡単なんや。俺のマネをすればええんや」

と話していた。しかし、これは、できない相談である。

「天才のマネは、できませんよ」

当時怖いもの知らずの新人であった私は、平気でそんなことを経営の天才に向かって話していた。幹部社員がそんなことをいったら、どうなるかということは想像に難くない。それをいった

ら経営の天才といわれる社長は、

「おまえそれをいったら、身もフタもないやないか」

といって、しばらく笑っていた。

「なんだ、確信犯か」

と思ったのであろう。

だいたいプロ野球キャンプを取材で訪れた長嶋前巨人軍監督だって、その種の逸話に事欠かないではないか。テレビのニュースで見たのだが、有望な若手強打者をつかまえて指導していた場面が映っていた。

「スーッと来たボールを、スパッとこうやって打つとですね……」

と身振り手振りで指導している。

「ここのボールは、サーッと……」

まさに天才の指導だった。私はその後に新人選手が、こうですか？　こうですか？　というふうにスイングしていたことを覚えている。そして深々とお辞儀していた。

「あれで、分かるはずがない」

と思った。決して悪口ではなく、一般の人にとって天才のマネはできないことを力説しているのである。訓練してもできないことはある。

話をＫ‐１に戻すことにする。つまるところＫ‐１ビジネスのエンジン部分、つまりマッチメイクという関数に使用する引数は、天才にしか見えない。属人的なものなのだ。

一方でビジネスの基本は、標準化・マニュアル化といわれる。これにより組織の中に経験とノウハウが蓄積され、それが巨大な知識ベースとなることで、組織はより強力なものになってくる。膨大な知識の中からは知恵が生まれる。こうやって企業は成長していく。それでは属人的な比重が高いK - 1は、ビジネスになりえないのだろうか。

答えは否である。なぜならK - 1は、1人の天才が作り上げたソフトビジネスであるから。では天才が抜けてほかで同じようなことを始めたと仮定しよう。道義上だとかそういうことは置いておいて、仮の話だ。さて一時代を作った天才が第2幕を開始したらどうなるか？

答えは簡単。成功するに決まっている。な

ぜなら成功の方程式と、凡人には知るすべもない係数なり引数を持っているからだ。

人気のテレビゲーム、大ヒットした映画など、すべて1人の天才クリエイターとそれを膨大な作業で支えた現場スタッフにより実現されている。同じことだ。

K－1の天才クリエイターは、人にマネのできないマッチメイクを通じて、ファンの夢を実現していく。ファンにしてみれば、

「まさか、こんなマッチメイクが実現するなんて」

そんな驚きの連続により、ますますK－1の魅力に惹かれていく。自分の観たいと思った対戦を現実に観ることができることの素晴らしさに、酔うことになる。

前に書いたことを、あえてもう一度紹介すると、私の理解では、マッチメイクという仕事は2つの段階で成立する。それは対戦カード案を決めることと、その実現に向けての地道な契約交渉である。そして特に後者が大切だと思う。

こればかりは、双方の信頼関係に依存することである。対戦カード案として打診された選手サイドとしては、その対戦を受けるかどうかという判断を自分で決めることができる。この世界は真剣勝負の世界だから、絶対有利といわれていても、万一敗れることがあるかもしれない。

もしもあなたがチャンピオンで、相手として提示されたファイターが新人だったとする。有力とはいえ新人である。この試合、あなたにメリットがあるだろうか？　勝ってあたりまえ。負けたらあまりに多くのものを失うことになる。そんな試合やりたくないに決まっている。しかし主

催者側はK－1の将来のために、そして今大会のバリューアップのために、チャンピオンであるあなたに参戦を打診してきたのである。

この場面で石井館長、いやマスター石井の信用がモノをいう。つまり予想しない事態が起きても、そのあとのケアに全責任を負い、行ってくれるという安心感があるに違いないのだ。だからその瞬間に、対戦カード案は夢の対戦カードとなり、マッチメイクは完了する。

この出版の企画がまとまったときに、ある方が質問してきた。

「石井館長は、どうして外国人を、あんなに上手く活用できるのか？」

背の低い日本人が大柄な外国人と対等につきあい、マネージメントしている。まさにK－1の構図は、そのようになっている。これだけでもインタビューして本にしておきたいと語った言葉に、まったくうそはなかったのである。その一部の事例はあとで紹介するが、じつは私も、じっくり聞いてみたいところだ。

■03年大晦日

03年の大晦日は、まさに、マッチメイクの難しさを如実に現すことになった。そして同時に混乱するプロレス・格闘技界の実情を示した1日であったと思う。最初にお断りしておく。今から書くことは、私が関係者に取材したことでもなければ、根拠があっての分析でもない。単純に私が感じたことを、そのまま書くだけにすぎない。したがって違う感想をもつ方、あるいは事実関係を知っている方がいらしたら、ぜひ私にメールを送っていただきたい。ダイレクト・マーケティングというわけではないが、この日は議論しておくに足る、重大な1日だったと思う。

03年を語る前に、01年、02年の大晦日を思い出していただきたい。NHK紅白歌合戦の裏番組として格闘技のオンエアが始まった。TBS系で始まった企画で、プロレスの有名選手も格闘技の選手と対戦するということで、あっという間に人気のコンテンツとして成長した。イベントの顔はアントニオ猪木氏と石井館長。

01年、02年と、プロレス・格闘技の人気選手が一同に介して、大晦日の大会は行われた。会場は超満員、しかもテレビの視聴率競争でも、これまでの裏番組とは比較にならない好成績でNHKに肉迫した。プロレスの最強といわれた選手が、K-1の人気ファイターのハイキック1発で秒殺されるシーンなどは、まさに戦慄と感動が走ったのである。豪華な対戦が用意されたこの試合、まさにすべての試合がメインイベントであったし、ファンとしては観たいと思っていた夢のカードを堪能したわけである。まさに超一流のマッチメイクがそこにあった。

それもそのはず、2人の大物がそれぞれの信用にかけて、おもしろい対戦カードを決定し、それを実現するための契約締結に時間をかけたのだから。もちろん営業面に関するテレビ局側の協力があってのことではあるが、それにしても超一流のマッチメイク、そしてそこに出場するファイターを最高に輝かせることのできるコンセプト作りがあってのことである。

言葉は悪いが、安定したリーダーがいたからこそ、プロレス・格闘技界は一致団結して、お化け番組へ対抗していったといえる。それぞれの利害、思惑があることは否定できない。そんな中でデコボコを調整しつつ、より大きなビジョンを示すことで各方面への調整活動を行っていたに違いない。

そうでなければ一筋縄ではいかない面々が、同じ会場で大晦日を迎えるはずもないと思うのが自然だ。現実を見ていただきたい、プロレス団体だって、格闘技団体だって、いくつもあるではないか。

さて03年の大晦日に話を進めたい。この年は、01年、02年とはかなり様相が異なった。ＮＨＫ紅白歌合戦vsプロレス・格闘技という構図は変わっていないのだが、挑戦者側の事情がかなり変わってしまった。

なんと３つの大会が同日に行われることになった。ありきたりの言葉でいえば分裂である。総選挙を前にして、野党の選挙協力が合意に至らなかったといえば分かりやすいのだろうか。

重要な点は、ご承知のように前年までと異なり、ＮＨＫに対抗するサイドに石井館長の名前がなかった。重石のひとつが表舞台から消えたことにより、ある意味では戦国時代状況になっていたのである。もちろん重石が欠けたことが戦国時代化の原因とするのは、私個人の見解であることを付け加えておく。

目的はＮＨＫ紅白歌合戦の視聴率に迫ること、あわよくば逆転することである。その目的からすれば、３つに分散することのメリットはない。

３局合計で比較などという尺度は存在すべくもない。かくして秋ごろからテレビ局も巻き込んだ大晦日格闘技戦争は、そのレースの火蓋を切ることになる。

まず最初は、01年、02年と実績を積み上げてきたイベントである。これはもうひとつの重石であるアントニオ猪木氏が手がける大会である。これについては、テレビ放映を巡って最後まで混沌とした。

昨年までのTBS系列でのオンエアから一転して日本テレビ系列へ移ったのだ。大会名も昨年までと同じ状態でテレビ局だけ変更になることは、きわめて珍しいことだと思う。TBS系列にしてみれば、昨年までの協力体制を考えればまさに異例であった。

スポーツ新聞などでは、テレビ局同士の激しいコンテンツ争いなどと報道されたが、まんざら外れてもいないのではないかと思う。

こちらは人気ファイターが、直前になって負傷欠場するなど、最後までマッチメイクに苦労していたようである。しかし当日は、さすがはカリスマ・アントニオ猪木氏プロデュースということで、成功のうちに大会を終えた。しかし前述の混乱などもあり、テレビ視聴率は3つのイベント中では最低となり、不完全燃焼に終わった感があった。

次にこの大会に近いという点では、総合格闘技系のオールスター大会を開催したフジテレビ系のPRIDEを、先に紹介しなければならない。

K‐1が立ち技最強を競う格闘技ならば、PRIDEは総合格闘技の最強を競う格闘技である。こちらも人気格闘技であり、国内・海外を問わず人気選手が多数出場する。

こちらの顔は、数々の名勝負を見せてきた高田延彦氏である。素人目にみるとTBS系の大会とフジテレビ系の大会は、その試合ルールという点ではよく似ている。打撃あり、関節技ありという総合格闘技だからだ。選手が分散してしまった感がある。TBS系のイベントにおいて、マッチメイクに苦しんだ理由のひとつがこのあたりにあるように思えてしかたがない。

こちらは従来からのPRIDEファンが観たといえる視聴率になった。二番目の視聴率ではあったが、関東ローカルで10％まで到達しなかったことを、テレビ局側がどのように評価したのだろうか。

さて年末大晦日恒例イベントを日本テレビ系列に持っていかれた形になったTBS系が取った作戦は、K‐1だった。私の記憶が正しければK‐1単独として大晦日に大会を開催するのはこれが初めてだと思う。

本来の整理でいうと世界ナンバーワンを決定するK‐1ワールドGPはフジテレビ系列、日本人育成を目的とするK‐1ジャパンGPは日本テレビ系列、そしていわゆる軽量級にあたるK‐1ワールドMAXはTBS系列という具合いに棲み分けされていたはずだが、この日の大会はまさに無差別級となっていた。

他のテレビ局との契約関係が気になるところだが、おそらくきれいに整理したのだと思う。どの試合を見ても、K‐1ファンにとってみれば観てみたい対戦カードだった。しかし今回は、K‐1ファンでなくとも観てみたい対戦カードが用意されていた。あまりにも話題になった『曙vsボブ・サップ』が、それである。

これを聞いたときに、私は表舞台にこそ出ていないが、重石の存在を感じた。その戦略があまりにシンプルで、かつ私がこれまでに見てきた成功のパターンそのものだったからである。

他の2つのイベントがあくまでも従来の延長線上にあるのに対して、この夜のK‐1は明らかにひとつの目的、すなわち、ＮＨＫ紅白歌合戦に『視聴率戦争を挑む』ことに特化されたものだと感じたのである。

　結果的にそんなことはないのだが、会場が満員にならなくても良いのである。大会が無事開催されて、最後に目玉の注目カードが無事に行われて、それが全国に生中継されれば良いのである。それにより、この注目カードにおける視聴率がＮＨＫのお化け番組に肉迫し、あるいは逆転したら大成功なのである。

　これはアメリカのスポーツイベントが、ＣＡＴＶや衛星放送を利用したペイ・パー・ビュー事業で収益を上げる方式によく似ている。

　かくして狙いどおり、この注目カードは特定の時間帯において、連続してＮＨＫ紅白歌合戦の視聴率を逆転した。もちろん史上初めてのことだ。また平均視聴率でも他の２つのイベントを大きく引き離して１人勝ちをおさめた。まさにマーケティング戦略の勝利であった。そこに計算された市場拡大戦略が存在し、その一端が見え隠れしている。

　実は大晦日のＫ‐１大会に限っていうと、いわゆる事前告知という点では、二面性を持っていたように思う。まず従来からの格闘技ファンに向かっては、ちょっと豪華なＫ‐１イベントが開催されるということだけでも十分にアピールできていたと思う。いわゆるオールスター的な要素をおりまぜながら、久々にＫ‐１のリングに復帰する大物選手なども十分話題作りに貢献していた。これだけでも大晦日の３つの格闘技大会の間で、ファンの動向を決めるに十分な内容であったと思う。マーケティングの言葉でいうと『既存市場でのシェア確保』とか『リピート率の向上』

などといわれるケースである。

しかしここで新たな、かつ異色の対戦カードが発表された。人気のボブ・サップが出場。しかも対戦相手は元横綱の曙であった。これはK-1の成長過程で、しばしば採用されてきた基本的な戦略であった。

新たな顧客拡大のために有効な方法のひとつとして『新市場を取り込む』という方法がある。言葉を換えれば、

『今までK-1を観たことのない人たちに、K-1を観てもらう』

ということだ。マーケティングの言葉でいえば、『新市場の開拓』ということになる。いわゆる格闘技ファンでない人に、大晦日の夜にK-1が放映されているTBS系列のチャンネルを訪れていただくという方法である。

そのためにはお茶の間の一般の人々にとって、ポピュラーな選手が必要だ。その点でボブ・サップは、すでにお茶の間の全国区であり、申し分はない。しかし、さらに元横綱を引っ張りだしたことが凄い。

これにより、ボブ・サップにさえも興味をもたない層までも、K-1というものを知るようになる。事実私の周辺でも、70歳以上のご夫婦が大晦日の夜、紅白歌合戦の合間をぬってこの対戦だけは観たというケースが、何件も存在している。

日本国民で、大相撲を知らない人はほとんどいないだろうし、曙という横綱についても同様である。これによりこの対戦カードだけでとりこんだK-1ファン予備軍の数たるや、すさまじい

ものがあったといえる。

しかも、視聴率の世界はゼロサム世界である。ＴＢＳ系列の視聴者が増加した分は、すなわちＮＨＫ紅白歌合戦の視聴者が減少した分である。ダブルで効果があるわけだ。たとえば長嶋監督の動向しだいで巨人ファンが増えたり減ったりするケースと同様である。

この異色の対戦カードはまさに視聴率競争という１点に絞られた、狙いすました一手であったといえる。その話題性に、全国紙、ワイドショーなどもすべて追い風のメディアとなった。それほど大きな波紋だった。

そして同時に、マーケットでは大きな地殻変動が起きていた。実際、格闘技ファンや古くからのＫ‐１ファンの間からは、

「Ｋ‐１がプロレス化している」

「きわものを混在させることで、他のファ

イトに悪影響を与える」

などの批判も出ていた。しかし異色とはいえ、問題の対戦がK‐1ルールにのっとった真剣勝負であった以上、この批判はあたらないと思う。そして勝利したのである。

すでに存在している特定マーケットを取り込むことで、K‐1のファンを増やしていくという戦略はきわめて論理的だし、効果をあげた。

実は少し前にK‐1が大きくジャンプアップしたときに、このマーケティング戦略はすでに実行済みであり、効果をあげていた。だからこの大晦日が初めてではない。そこには従来の格闘技団体とは異なる柔軟な経営戦略と実行力が見え隠れする。

格闘技ファンとプロレスファンがはっきり分かれていたころ、K‐1は少なくともコアな格闘技ファンに支えられて成長してきた。しかしここで大きく顧客ベースを増やすには、まったく新しいファン層を取り込む必要があった。

そこでターゲットになったのはプロレスファンである。比較的、従来のK‐1ファンに近い市場ということでは自然な選択であったと思うし、規模も数倍大きい。その10%でも20%でもK‐1に興味を持ってくれれば新たな市場として獲得できるからである。事実、当時の専門雑誌の発行部数でも、格闘技のそれとプロレスのそれでは5倍以上の開きがあったと聞いている。

手元に古い資料がある。デジタル衛星放送開始時のプロレス専門チャンネルの企画書の一部である。そこには有料で放送を見る可能性のあるプロレスファンの数を、約３００万人であると分析している。

あとはそれを実行するだけだ。知名度があり、かつリアルファイトに近いタイプのプロレスラーによるＫ‐１参戦や専門雑誌との関係強化。有力プロレス団体との交流など、ありとあらゆる戦術を展開する。出場機会に恵まれないプロレスラーがＫ‐１のリングで復帰戦を行い話題をさらったこともあるし、プロレス専門雑誌の中ではじめてＫ‐１の文字が躍ったこともある。『プロ格』なる言葉がターザン山本氏によって生み出されたのもこのころである。

つまりプロレスというすでに存在している市場を、Ｋ‐１の市場に加えることにより、もともとの顧客ベースを拡大するという方法が実践された例である。これ以降Ｋ‐１は、ドーム大会へ進出する。サイズが合ってきたのである。

同じような例は、これに限らずそのあと何度となく展開されてきた。たとえばＫ‐１の母体となっている空手の正道会館とは競合関係にあたるはずの、極真会館の有名選手がＫ‐１に参戦したことも大きなニュースとなって報道された。

団体間の壁が低くなってきたという歴史的な流れは、多分に影響していると思うが、それでもこの交流は各方面の努力の成果であった。

このとき他団体ともいえるＫ‐１の会場に、国内最大規模を誇る極真会館の門下生が多数押し寄せるという現象が起きている。これにより、これまではゼロに等しかった市場が新たにＫ‐１に加わったことになる。

その後も新しい格闘技や武術の選手がＫ‐１に参戦することで、新たな市場が加わるという現象が発生する。あたかも企業買収により、新たな顧客ベースと新たな企業文化を形成していくスピード型企業経営に似ているともいえるのではないか。

このように大晦日の視聴率競争における歴史的快挙の裏には、計算されたマーケティング戦略があった。しかもそれは、今回突然実施されたわけではなかった。すでに検証された方法論により、科学的に実行された経営戦略であったといわざるをえない。

石井館長とは以前、この件についても何度も雑談させていただいたことがある。私はここに書いたようなことを話したわけであり、「マーケティングの教科書でも紹介されている正攻法なんです」というように話したことがある。

もちろん館長は、外国から輸入したようなマーケティング理論などというものを専門的に学んだことはない。しかし自分の経験・ノウハウと感性、そしてなによりもお客様ひとりひとりを見るときの注意深さから、その手法を編み出してきたといえる。03年大晦日、徹底したマーケット・イン戦略が、大きな成果をあげたのである。

ここまで、K-1はいかにして顧客第一主義を実践してきたかについて、知りうる限り、あるいは話せる範囲でその背景にある真実を述べさせていただいた。

不況の時代にこそ、お得意様を大切にしなければならないのである。新規顧客を取ることよりは、むしろお得意様を大切にすることが重要であると心得るべきだと思う。モノが売れない時代、不況の時代だからこそ、これまでに築き上げた顧客ベースに全力をあげて尽くすことで、苦しい時代を乗り切るべきだ

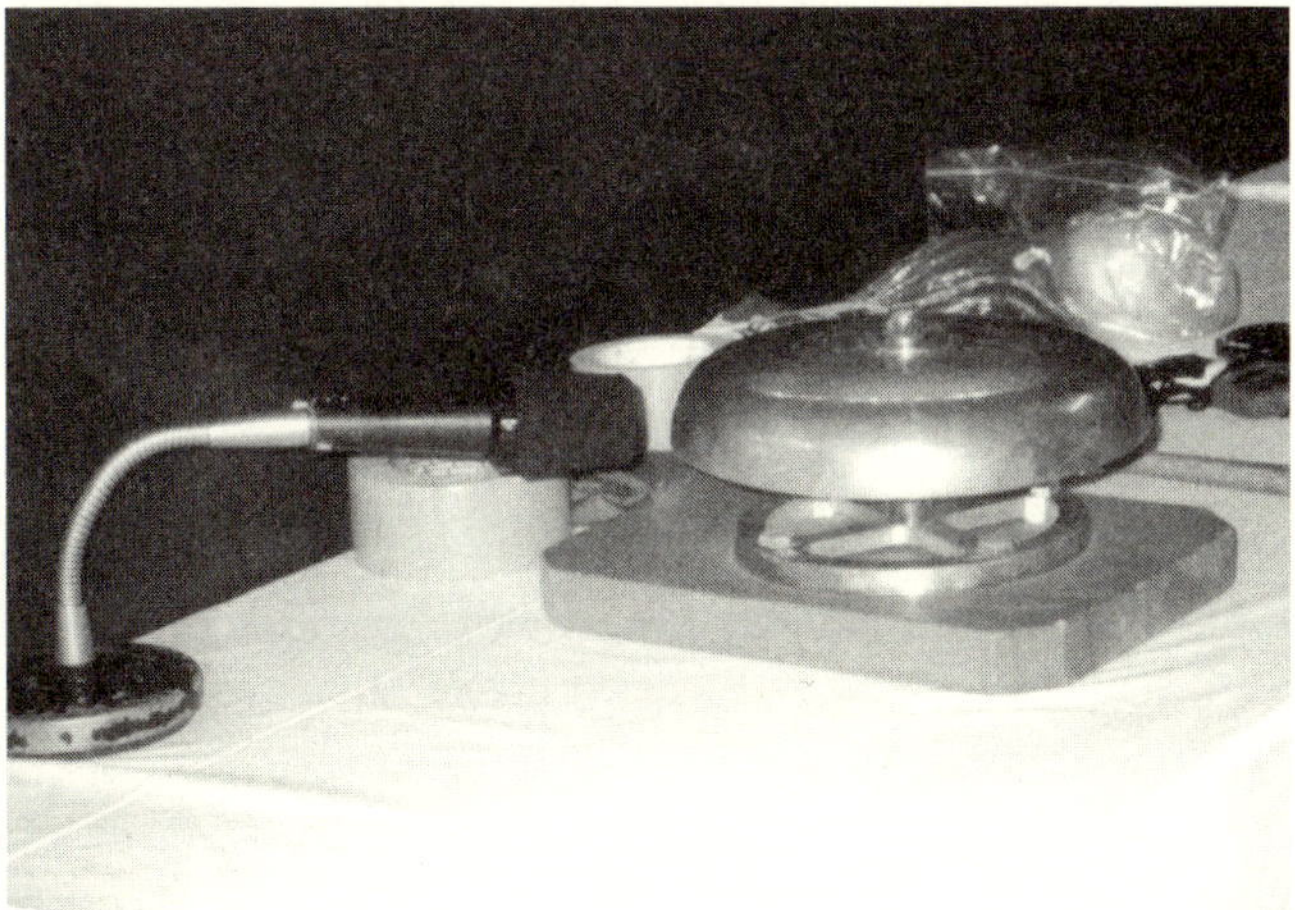

と考えている。

ファンが観たいものを提供する。インターネットによる作り手と見る側のダイレクト・コミュニケーションを最大限活用することにより、よりタイムリーに、またより決め細かい改善が達成できる。クレームに対しても正面から向き合う。いやむしろ真のユーザーの声であると認識して真剣に対策にあたる。これに関していえば、人間というものは怒ったときこそ本音を話すものである。さらには独自の新市場獲得戦略を展開することで、多くの人にK-1を知ってもらい、感動を提供していく。まさにここには、マーケット・イン手法の見本が存在していた。

日本で作られたソフトが、徹底したマーケット・イン戦略により世界へ発信されていく。これはすばらしいことである。そして収益構造を決定し、たゆまぬ努力により多くの成功神話を作った関係者に、私は心から敬意を表したい。

第四章

出会いの後で

■ビデオゲームを作ろう

私は初めてのK‐1観戦を終えて、その日同行した友人たちと新横浜のレストランで食卓を囲んでいた。表参道での館長との出会いがきっかけとなり、思わぬ経験をすることができた。実際、格闘技を知らない私にとっても十分に楽しむことができたし、感動した。このときに、あるアイディアについて意見を交換した。実現可能かどうかについて、かなり真剣に話し合ったことを覚えている。


「K‐1のビデオゲームができたら面白いよね」

「プレステで、K‐1ファイターが実名登場する格闘技ゲーム作りたいよね」

「ゲームソフトメーカーなら、何社か興味示すと思うよ」

「ところでK‐1側の権利関係は、どうなっているんだろうか?」

「これは、館長に確認してみるしかないよね」

「それじゃ俺は、メーカー側の興味を探ってみるよ。もちろん非公式だけど」


こんな話を3、4人でしていた。もちろんそこにいたメンバーがK‐1側の代理人でもないし、そもそもそんなことができるような権利関係そのものが、K‐1側に存在するかどうかも分からない。あくまでも『たられば』のレベルの話である。

ゲームメーカーの中で興味を持つ会社が現れたら、その内容を企画メモにして石井館長に見てもらおうということになった。テーブルの上のグラスやプレートもそろそろ空になったころ、新横浜駅近くのホテルのロビーから見える歩道は、ようやくいつもの混み具合になっていた。そして翌日から企画メモへ向かうプロセスは、さっそく動きだした。

暦の上では秋だというのに、汗ばむほどの陽気となったある日、私たちはゲームメーカーの会議室にいた。人的ネットワークの関係もあり、ホームビデオ用ゲームの新商品としてK‐1の名前を冠したゲームを発売したいという会社が名乗りをあげた。そして非公式ながら、情報交換をしようということで、この日、関係者が集まっていた。

もちろんこの段階では、すべてのことが不明である。そもそもK‐1サイドで、この企画に興味があるのかどうかも不明だし、ましてやすでに担当者がいて、この種のビジネスを水面下で進めているかもしれない。あるいは今回のビジネスについて、すでに独占的な代理権を取得していて、私たちは知らず知らずのうちに既得権益を侵しているかもしれなかった。

メーカーにしてもその事情を理解したうえでの会議である。上層部への根回しも行われていないし、ましてや取締役会がK‐1を知っているとは思えなかった。すべてがムダになる可能性がある、そういう会議だった。しかし唯一のよりどころが、表参道で石井館長が私に見せてくれた某ゲームメーカーから寄せられたゲーム化案に関する許諾契約書案であった。

つまり門前払いにならない可能性は残されている、ただそれだけがよりどころだった。

当日、ゲームメーカー側出席者の中には統括責任者A氏がいた。したがってそのほかの担当者の意見はともかく、責任者本人が納得してGOサインを出せば、少なくとも取締役会への起案はできる、そういう状態にあった。そしてこの会議の招集者は、なんとその責任者本人だ。GOサインを出すためのQ&A会議というのが、この日の会議の位置付けだった。これは出席して初めて分かったことだ。

「〇〇さんに誘われて、私も横浜アリーナの試合、観に行ったんですよ」

A氏がいきなり口火を切った。

表参道で石井館長から譲っていただいたチケットのうちの1枚は、〇〇さんの機転により事前にA氏に渡っていたようである。今にしてみればまさにファインプレイだ。

「去年からK‐1のことはテレビで観て知ってたんですけど、現場で、しかもリングの近くで観たのは、今回が初めてなんですよ」

「凄い迫力だったなー。あれは、リングサイドで観たら、絶対ハマるね」

「佐竹も勝ったし……！」

A氏は佐竹選手のファンだった。というかK‐1の有名選手といえば、やはり佐竹選手だったからこれはきわめて標準的な感想だったと思う。興奮した様子のA氏は、その後5分くらい独演会を続けた。

つまりA氏は横浜アリーナで、佐竹選手がニュートラルコーナーで、ダウンした相手を見下ろしながら10カウントを聞いている瞬間にK‐1のゲーム化をしたいと考えていたのである。その直後に私の知人の〇〇氏から、ゲーム化に興味ないかという電話が入ったのだ。A氏が誰にともなく質問してくる。

「うちとしては、ぜひK‐1オフィシャルの格闘ゲームを発売したいと思っているんですよ。知名度の問題などで販売数などについては先が読めません。しかしそれに関する応分のリスクは私が負う気持ちです。ただ疑問なのは、ほかのゲームメーカーで、すでに着手しているのではないかということです」

これは当然の疑問だ。当時、すでに人気を博しているホームビデオ用格闘ゲームは発売されていた。町のゲームセンターでは、アーケイド版と呼ばれる業務用の格闘ゲームが広いスペースを占め、多くのファンがコインを握り締めて、それに熱中していた。

そんなこともあり、私たちの最初の仕事は、K‐1サイドに今回の企画を打診して、現実的かどうかを確認することだった。

並行してゲームメーカーサイドでは、来週の取締役会に検討中であることを報告することにした。その際、経営者にK‐1というものを知ってもらうために、先日の横浜アリーナ大会のテレビ放映を録画したビデオを取締役会の開催中に観てもらうということになった。百聞は一見にしかずというA氏の発案だ。その数日後、A氏から連絡があった。ビデオを観た取締役会は全員一致で本件を可及的速やかに進めて、K‐1格闘ゲームを発売することで合意したそうである。

表参道で最初に石井館長に握手を求めた友人B氏と私は、都内のホテルのラウンジで打ち合わせの順番を待っていた。通路をへだてた隣のテーブルでは、石井館長が雑誌記者のインタビューを受けていた。その予定が少し遅れていたので、私たちは隣のテーブルでコーヒーを飲みながら雑談をしていた。間もなくして館長は、隣のテーブルから移動してきた。

「すいません、お待たせしてしまって」

そういってソファーに腰を降ろした。

友人B氏は表参道以来の対面である。彼はいきなり横浜アリーナの試合の感想を興奮しながら話しだした。私のほうは、例の当日アポ・客先訪問同行の件があったので、その後何度か会ってはいたが、横浜アリーナ大会のあとはこれが始めてのミーティングだった。

本件については、B氏が主体的に説明を続けた。ポイントはK‐1ゲームの発売を希望している懇意にしているゲームメーカーがあること。担当者はもちろん取締役会も本気モードに入っていること。権利の許諾関係で複雑な問題や既存の動きがあろうことは承知していること。したがって、まだチャンスがあるのであれば、ぜひ候補のひとつに加えて欲しいということ。候補に加えていただけるなら、今度は一歩進んで、ぜひこちらのグループでゲーム化をやらせてほしいということ。そういうことをB氏は理路整然とプレゼンテーションしていた。

さすがは元外資系メーカーのトップセールスマン。私は横に座って感心して聞いていた。

館長は手渡された企画書に目を通しながら、プレゼンテーションの内容を聞いている。そしてときどき、疑問に思うことがあるとチラリと目を上げて、私の顔をのぞきこむ。そんな時間が30分ほど過ぎたころ、ついにプレゼンテーションは終了した。館長が口を開いた。

「分かりました。今のところ独占契約を結んだ相手もいないので、それは大丈夫です。表参道のときに、そちらのグループの専門知識についてはよく理解したつもりですから」

われわれ、特にB氏はほっとした様子だった。館長が続ける。

「では、メーカーの責任者に今度会わせていただけますか?」

「分かりました。ありがとうございます。さっそく時間を調整してお連れします」

「それで館長のご都合は……」

彼は手際よく館長のスケジュールを確認して、その場で携帯電話でメーカーのＡ氏とのアポを調整し、次回の打ち合わせをセッティングした。私はちょっと彼を尊敬した。

「どんな人と仕事をするか、会ってみないと分かりませんから。表参道でお見せしたような契約書案を持ってくる例もありますから」

そういって、館長は私のほうを見てウインクした。このときはあまり深く考えなかったが、ウインクが出る場面というのは、実は大きな判断をした場面に多いことが、のちに明らかになる。

かくして新横浜での打ち合わせは、陽の目を見る方向に少しずつ動き出していた。その後、打ち合わせを終えた私たちは、次の打ち合わせのためにまたまたテーブルを移動する館長と別れ、車に乗ってホテルを出た。

赤信号で車が停まったときに、ガラス越しにゲームセンターが見えた。そこには当時大流行していたストリートファイターというビデオゲームに興じるカップルの姿があった。

私はそのスクリーンに映し出される格闘キャラの上に、アンディ・フグやピーター・アーツの姿を重ね合わせていた。


その数日後、私たちは４人で同じホテルのラウンジに到着した。私とＢ氏、それに○○さんとゲームメーカーのＡ氏の４人だ。まもなく館長は、予定の時刻を少し過ぎてラウンジに現れた。

6人がけのテーブルであったが、最初は1対4という、かなりバランスの悪い座席配置となってしまった。それが原因かどうかは分からないが、打ち合わせに入る前に、館長が笑いながら私のほうに視線を向け、自分の右横のソファーを指さしながら、

「佐藤さんは、こっちに座ってくださいよ」

といったのである。その日の打ち合わせの趣旨からいって多少違和感があり、私も含めて他の3人の出席者も一瞬、

『あれ?!』

という顔をした。もちろん館長との間に事前の打ち合わせなどなかったので、私にとっても意外だった。

大企業で育ってきた人間にとって、さらには現実にメーカーで責任者の仕事をしている者にとっては、このこと自体がイレギュラーである。ミーティングのときにどのように着席するかというのは、その日の交渉内容に影響するほど重要なことだと教えられてきた。

館長がどのような趣旨でこのようなことを口にしたかは別にして、誰と誰が向かい合うか、誰が誰の横に座るかは重要なことなのだ。石井館長にしてみれば、単純に全員が着席した感じを見て、バランスが悪いと思っただけかもしれない。

『そちら側が狭いのではないか、それなら広いほうへどうぞ』

という程度のことかもしれないと考えて、私は交渉相手側の席とでもいうべき、館長の右横の座席へ移動した。あとで分かったことだが、そんな単純な理由ではなかったそうだ。このあたり

の背景についてはあとからお話しする機会があると思う。

いずれにしても重要な会議は始まった。

メーカー側としては、権利関係がどのようになっているかについての質問が大部分だった。それに対して石井館長はひとつずつ回答していった。

ここで驚いたことがある。それは権利関係について、はっきりしない点があると明言したことだ。選手によっても事情が違うし、内容によっても個別に事情が違っているという。これについては、むしろメーカー側の安心感を呼ぶことになる。

通常、このようなケースの場合、

「私が全権を持っていますから、お任せください。」

という話のトーンになることがある。

プロ野球やJリーグのように、選手が入団する前から個別に契約ができているなら、それはそうだろう。しかしいろいろな選手に試合の場を提供しているのがK－1である以上、100％の権利がクリアになっていることなど、ありえないと思っていた。しかしその後、館長は、

「リクエストは言ってきてください。私のほうで実現できるように最大限交渉しますから」

という言葉で締めくくった。

この言葉は、その後事実であることは確認された。もっとも、よりよいものを作りたいというメーカー側の思惑と、できないものはできないと明言して、そのうえで最大効率を求める館長の間で激論が展開されたこともある。私も何度かそういう場に居合わせた。前述の佐竹氏の出版物

の中に、取引先を怒鳴ったなどの表現があったが、まったくなかったわけではない。しかしすべてK‐1のためと理解していただきたい。少なくとも私はそう思っている。

このときK‐1側がゲーム化を進めるにあたっての最大の目的は、このことがK‐1のプロモーションになれば良いということだった。これは納得できた言葉であった。

製品開発と並行してプロモーションプランを策定し、それを実行することがプロジェクト管理だ。同時に販売計画を策定し、リリース時期に合わせるように営業部隊はプレ営業活動をする。これが新製品発売プロジェクトの標準パターンである。

今回の場合は、ゲーム流通の世界での販促活動はメーカーが実行し、プロレス・格闘技界でのプロモーションはK‐1側でも持てるメディア活用能力をフル活用した。そのことよって投資効率のよい販促活動ができた。製品はリリースされ、初回としては十二分の成果を収めることができたのだ。

■情報管理のこと

ビデオゲーム作成は、もともとコンピュータの世界を仕事の舞台としていた私にとっては、大変興味深いものになった。その筆頭は、当時では先進技術といわれていた新世代の『モーションキャプチャー・システム』をフル活用したことである。これは、ビデオゲームで使用するキャラクターの動きを作り込むための最新技術である。

これにより、実際の人間の動きをコンピュータに取り込むことができる。短時間のうちに効率よく、リアリティあるモーションデータを作成することができる。最近ではあたりまえのように使用されているが、当時としてはまだまだ高価で先進的な技術だった。

例えば、ピーター・アーツが専用スタジオで実際に動いてみる。そうすると体のポイント、ポイントの動きが、3次元データとして生成される。これを使ってスケルトンと呼ばれるワイアーフレームの人形を作ることができる。これはピーター・アーツの体型を見事に作成してくれる。今、画面にファイティング・ポーズをとる人形がディスプレイされているとする。この状態では顔のデータなどは付いていないが、クセや特徴が完全に再現されているため、見ただけでピーター・アーツだと分かる。

さらにこの人形を動かしてみる。ファイティング・ポーズ時のリズムの取り方、ハイキックの蹴り方、膝蹴りの蹴り方など見事に再現されている。最初にこのフレーム状態の人形の動きを見たときは、あまりの再現性におもわず笑ってしまった。顔はないがリズムとかハイキックなど見ていると、やっぱりアーツなのだ。本人も見て喜んでいたのが新鮮だった。

少し話はわき道にそれるが、モーションキャプチャリングを行った期間は、ある意味、驚きの連続だった。初代K‐1格闘ゲームの企画において登場するK‐1ファイターの数は、8人に決定していた。いずれも当時のK‐1を代表する有名ファイターだった。

ただひとつメーカー側の希望が叶わなかったのは、条件面での折り合いがつかなかった日本人エース佐竹選手のキャラクターを使用できなかったことだ。ゲーム内キャラ、およびテレビCMでのキャスティングという希望を持っていたのだがこれは実現できなかった。最後まで残念がっていた担当者の顔を今でも覚えている。

しかしK－1王者を狙うことができる外国人選手がそろって登場するという、まさにK－1オールスター版となったことで、内容的には十分に満足できるものだった。

そうなると大会前後の来日時期を狙って、このオールスター選手を順番にデジタル・スタジオへ招聘し、それぞれのモーション・キャプチャリング作業をしなければならない。

確か3～4日間に分けて全選手のデータを取ったことを覚えている。作業内容はかなり手間ヒマのかかったものになる。

まず選手別に動いてもらいたいコマ割図を作成する。1人あたり30～40種類くらいになったはずである。当然、各選手の特徴を反映した動きを実際に演舞してもらい、それをデータとして記録していく。

たとえばアンディ・フグであれば、代名詞ともいうべき『踵落し』だったり、アーネスト・ホーストだったら、華麗なコンビネーションということになる。

このとき演舞的とはいっても、選手は現実の試合に近い迫力を出すために、パンチミットへパンチを放ったり、キックミットめがけて本番さながらの強烈なキックを蹴り込むことになる。その音がスタジオのビル全体に響き渡る。これはすごい迫力だった。

キャプチャリングの作業を行っていたスタジオは、4～5階建てのビルだった。1階ロビーからメゾネット風につながっている階段を地下に降りたところにスタジオがあった。そこからミットの悲鳴が聞こえてくる。合わせて、地響きのような低い音と振動が伝わってくる。

上層階で作業していたクリエイター達は、突然聞こえてきた地響きのほうを覗き込んでいる。そしていつの間にか、モーションキャプチャリングの風景を見ることのできる1階ロビーの階段周辺は、人だかりとなった。

人間業とは思えない風景がそこにはあった。サム・グレコがローキックを蹴り込んだとき、受付カウンターにおいてあったボールペンが、コロコロと転がりだして床に落ちた。

この作業を通じて、K‐1事務局のスタッフは大会前後の忙しい時期にもかかわらず、選手の引率作業という点で大車輪の働きをしてくれていた。滞在先のホテルからスタジオまでの所要時間は自動車で30～40分を要する。選手とマネージャーにつきっきりで、そのケアをしなければならないのだ。そんなとき、渉外担当のスタッフから私の携帯電話に連絡が入った。

「今日のスタジオ入りの件で、引率担当で予定していたスタッフに急用が入ってしまったので、誰かをアサインできないですか?」

というものだった。選手はいつも日本にいるわけではない。大会のために来日したときが唯一のチャンスである。したがって、スタッフの都合で予定していたスタジオ入りを延期するわけにはいかなかった。

結局、私がその日の選手引率をすることになった。2組の選手とマネージャーについて、ホテルとスタジオの往復をすることになってしまった。

私は当時、あくまでもゲームメーカー側のメンバーとしてスタジオにいたわけだから、K‐1側の仕事内容など知らないし、ちょっと困ったことになったと思っていた。

さて、タクシーでホテルを出てスタジオに向かう途中、予想通りのことが起こった。

「今日は、スタジオで何をするのか？　新しいビデオか？」

「ほかには、どんな選手が出るのか？」

「今回のビデオは販売するのか？　どういう契約になるのか？　試合と別か？」

マネージャーと選手は、私にいろいろ聞いてくる。

また、選手がスタジオでデータ取りの作業をしている間、マネージャーはその辺にいるスタッフをつかまえては、なにやら話しかけている。

そんなことを1日中続けて、いいかげん疲れたころに、私の携帯電話に館長から電話がかかってきた。内容は選手とマネージャーに、いろいろ話さないでくれということだった。

おそらく最初の組がホテルへ帰ったときに館長を見つけて、契約条件の変更などを申し入れたのだと私は考えた。もちろんスタジオ入りする時点で、K‐1側と選手側にどのような契約関係があるのかを知るすべもないし、知る必要もない。私が知っているのはメーカー側とK‐1側との契約内容である。たぶん問題のマネージャーは、事前のK‐1側からの説明が足りない部分について、現場で情報収集することで新たな契約交渉を持ち込んだのだろう。

そうなれば館長の疑問として、『引率中の私が、質問に答えて、何がしかの情報を伝えた』と考えても不思議はない。実際、私は元の会話を知らない。ましてやK‐1側の人間の代わりに引率作業を代行したわけだから、微妙なニュアンスを知る由もない。

もちろんビジネス現場に長くいたので、自分なりに余計なことは話さないという訓練はされてきているつもりだった。そこに館長の電話だった。

「では、話しかけられたり、質問された場合、私はどうしたらよいのですか？」

私は少し不機嫌になって、電話の主に逆に質問した。

「知らないといってもらえば良いです」

「3時間近くもいっしょにいて、その間ずっと知らないというのですか？」

かなり不機嫌な私は、さらに続けて、

「引率はK‐1側の仕事と決まっていたはず。今日は急な用事とはいえスタッフがドタキャンしたので、しかたなくメーカー側の私が引率をした。これはおかしいと思うのですが」

かなり不機嫌であった。そして、もう止まらない。

「そんな子供の使いみたいな仕事はしたことがないので、以降、こんな仕事はしたくないです」とまでいってしまった。

すると館長は、ドタキャンの件を詫びるとともに、代行した件について謝辞を伝えてきた。少し落ち着いた私も、余計なことは話していないことを改めて伝えた。

このときに痛感したことは、K‐1における情報管理の難しさである。

選手やマネージャーは一クセも二クセもあるツワモノ揃いだ。しかも生鮮食品のように選手を取り巻く環境は毎日変化する。その中で運営側と出場側は、個別に契約関係を結んでいく。その内容は、もちろん機密情報である。しかし私が感じたのは、選手同士、あるいはマネージャー同士で、実はかなりの情報交換が行われているということだった。

多少オーバーにいえば、よりよい契約条件を引き出すための、出場選手ユニオンができあがっていて、協力して主催者である石井館長との交渉にあたるという図式である。そんな中で情報を管理することの難しさを、このときの電話のやりとりで感じた。

それからというもの、外国人ファイター、外国人マネージャーからホテルのロビーで話しかけられたときには、頭がぐるぐる回転するようになった。できれば会わないようにしたかった。

これではまるで、質問されても

「知らない、知らない」

と言っているのと同じだなと感じていた。

経営資源というものは、やはり3＋1になっている。ヒト・モノ・カネ、そして情報。再認識させられる出来事だった。それにしても今思えば、よくもあのくらいズバズバとすき勝手なことをいえたものである。

石井館長との携帯電話でのやりとりをもう一度振り返ってみると明らかだが、K‐1を作っていくための当然のリスク管理としての情報管理について、館長は電話で確認してきたわけだ。それに対してK‐1の運営方法なども分からぬ人間が、自分は自分の世界を持っていることを理由として、好きなことをいって反論している。

逆の立場だったら、つまりK‐1を守る立場だったら、何の問題解決にもならなかった電話の内容であった。

のちに分かったことだが、K‐1のKは空手のKということで、空手の世界には先生と生徒という絶対的な関係がある。あの有名な『押忍（オス）の精神』である。

この言葉が使われる現場には、何度も何度も出くわすことになった。

「それじゃ、いかんやろ?!」

「押忍」

「あれは、もう終わったんか?!」

「押忍」

というやりとりを、よく耳にした。この場合はＹＥＳに近いなどと、素人なりに思っていた。

多少いいたいことがある場合もあるのだろうが、門下生としてはやはり、

「押忍」

なのである。

それに比較すると、いかに部外者とはいえ携帯電話の会話は、明らかに周りがハラハラして当然の内容であった。今だから、笑い事であるが。

そういえばのちに日本を代表するＫ‐１ファイターになる正道会館門下生と、石井館長の電話でのやりとりを聞いたときに思わず、失礼ながら吹き出してしまった会話があった。最初はＹＥＳという意味の『押忍』を返していたのだが、途中で館長の質問の種類が変わった。

「今回の件は、どっちを使うんや?」

「押忍」

「いつから、準備に入るんや?」

「押忍」
「おい、○○。押忍じゃ、分からへんやろ」
「押忍」……

■館長からの提案

さて、モーションキャプチャーのスケジュールが順調に消化されているころ、一方ではゲーム化に関する契約書締結が最終段階に入っていた。K－1サイドとしてゲームを作るために必要な権利項目を特定して、メーカーに対して使用許諾するためのものである。

この本を読んでいただいている方の中には、契約締結前にゲームを作るための作業が始まっているではないかという感想を持たれたかもしれない。そうなのである。このときは、選手の時間を必要とする部分については双方の信頼関係に基づいて見切り発車していた。契約書はなくても契約はあるということだ。

契約書の詰めを行うための作業が最終段階に入るにつれて、私が石井館長と会う機会が増えてきた。いつの間にかメーカー側チームの中で契約書担当になっていた私が、石井館長との交渉にあたることになっていた。もっとも交渉というよりは、契約対象としている項目に漏れがないかを確認する作業であった。

最初はゲームメーカー側で用意した契約書のドラフトを使用して、それに対して修正を加えていくというアプローチを考えていた。しかしそれでは、かなりの部分を変更しなくてはならず、ほとんど作り変えになることが明らかとなった。

結局私は、それから3日間の時間を使って、K‐1側からの視点で契約書案を作ってみた。これであればファイターごとの個別対応を前提とすること、試合出場とは別のカテゴリーに関する契約としての整合性をとることなどを分かりやすく書ける。

結局、契約内容の骨子については、後で英訳してファイターやマネージャーに説明しなければならないので、そういうことを意識した文言が必要になる。とかく日本で使用される契約書は表現があいまいで、英訳しにくいことがときどきある。また精神論を記載する部分が多いため、海外との契約の場合はあまり意味をもたない。

話を契約書に戻す。契約書の内容を詰めていく段階になると、どうしてもK‐1側のリスク管理が気になる。そんなときである。石井館長から打ち合わせの際にこんな打診があった。

「今回のゲーム関係の契約手続きの件、佐藤さんはK‐1サイドでお願いできないですかね。メーカーのほうは専門部署とかあるわけですけど、こちらはいないので」

たしかに最初に締結するゲーム化を許諾する契約に加え、プロモーションに関する契約、さらにゲームの2次利用に関する契約など、多くの作業が残っている。

どうやら先日の携帯電話でのやりとりが思わぬ方向へ作用したようであった。K‐1のような形態における権利ビジネス、それを反映する契約方式はかなり複雑かつ難しいと実感していた時期だった。そういう意味での興味もあった。それに館長との仕事は新しいことの発見であり、それが面白くもあった。

私はその打診を快諾した。

先に書いたように、もともとはメーカー側の立場として、言い換えればＫ‐１側に提案する立場にいたわけである。それが今度はメーカーからの提案をＫ‐１の成長とリスク管理というバランスの中で、評価する立場に代わるわけである。私は関係者にこの経緯を説明し、意見を聞くとともに、了解を得る手続きを開始した。

関係者の意見は全員一致で歓迎だった。いくつかの理由はあるのだが、やはり風通しが良くなるという点に重点がおかれていた。

これ以降、メーカー側との打ち合わせを4～5人で行う際には、私は館長の横に座って契約交渉にあたることになる。しかしこれ以降、契約手続きは快調に進むことになる。理由は簡単。忙しい館長であったが、私のスタンスがＫ‐１側に寄ったことにより、細かく何度も打ち合わせの時間がとれるようになったのだ。

多くの問題を一気にまとめて2週間に1回の打ち合わせで決めることは難しい。しかし1時間以内の打ち合わせを2日に1回行うほうが効率的であるようだ。週に1回４００球打つゴルフレッスンより、毎日50球打つレッスンのほうが効果的だという説があるが、これなど共通しているような気がする。

このような環境変化の過程で感じたこと。それは『身内と外部』の差が明確になることである。ゲームに関する枠組みの変更を機に、私は当然のこととして機密保持義務を負うわけである。これは契約関係が終了したあとも有効であるとした。

これによって、たとえば私がK‐1を通じて知りえた情報・経験、ノウハウを武器に、他のプロレス・格闘技団体のサポートをするなどは回避できる。そしてこれにより、私も館長から未公開情報を聞かせていただくことができる。それがその後の仕事の進め方に効果的だった。

なぜなら今後のビジョンを聞くなかで、新しく習得しなければならない知識が必要であったり、そのための専門家を探したり、調査しておくことがあり、常に先手を打つ必要がある。特に専門家を探しておく作業は時間がかかるものなので、きわめて重要である。

このようにして私は私で、エンターテイメントの世界における権利ビジネスというものについて、知識と経験を深めていくことができた。

もっとも一番面白かったのは、将来のK‐1についての館長のアイディアや水面下で進行しているプロジェクトの内容を聞かせてもらうことだった。

もちろん雑誌での報道もされていない内容なので、極秘情報としての面白さも手伝っていたが、現実の状況と将来ビジョンを結ぶ戦略・戦術についてはかなり具体的であった。

また経営企画業務を仕事としてきた者にとって、十分に現実性をもった計画に見えて、それが面白いと感じた理由でもあった。話を聞かされたあとは、ヒマな時間を見つけては、私なりの詳細な事業計画案を作成したり、戦術・施策レベルの内容を文書にして館長に見せたりした。

中には後に実現されたものもいくつかあり、そんな場合には、心地よい達成感を味あわせていただいた。そういう意味では館長の創造力、しかも実行可能な創造を形にするという能力は、特筆すべきものがあった。

ではその多くのプランを具体的に実行するためのアクションは、どのようになっていたのだろうか。特にスピードの速い世界である。短期間で、かつ効率的に実行しないとタイミングをはずし、ただの企画倒れになる可能性は高い。また大枠の計画を作るよりは、アクションプランともいうべき現場用のプランを作成して実行するほうが、大きな時間と労力を要するものだ。

それでは、そこにはどのようなマジックがあったのだろうか。

■24時間体制

さて、多種多様な上に膨大な量の作業、さらには節目節目で現れる重要な決断を、どのようにして消化していったのだろうか。私が見た館長の仕事法。そのマジックを紹介しておきたいと思う。あくまでも私の見たK‐1成長の裏側ということで書かせていただく。

さて答えは、

『とにかく長時間働くこと。そして24時間体制で働くこと』

これに尽きる。

手品のような秘訣を期待された方には申し訳ないのだが、実際そうだった。

この分野で専門知識を持ち、人的ネットワークを持っているという下地がある。そこにきて武道家なのだがビジネスセンスを持っていたのが創設者である。もちろん訓練とか経験という裏づけはあるにしても、見方によっては運命・天性みたいなものが占めるウェイトが高い。

しかしそのアイディアを具体的に進めるためには、やはり手間と時間がかかる。それはどうしようもないことである。

特に関係者の多い仕事である。新規顧客との面談を含む打ち合わせのためにとられる時間が大きい。これればかりは誰にとっても1時間は1時間だから具合が悪い。これを消化する方法は、とにかく長時間を仕事にあてるしかないのが道理である。

下地を備えた人が、他人よりも長時間仕事をすればどのような結果になるか。結果は明らかだ。もっとも夜の時間帯の打ち合わせになると、食事の席でということも少なくない。

そういう場面をとらえて、やれ銀座で豪遊とか、高級レストランで高級ワインがどうしたという類の批判を聞くこともある。

しかし得意先がそのような雰囲気を望むのであれば、しかたがないと私などは思ってしまう。民間企業が行う営業活動なのだから。しかも石井館長がアルコールを口にするのは少量だった。乾杯のビールとグラスに注がれたワインをなめる程度だった。

大企業の幹部が、帰宅後に家族に向かって言い訳する内容と、これは似ている。

「夜の食事会も、仕事のうち」

「幹部、役員になってくると、私生活と会社生活はつながってくるのだ」

「休みをとりたいと考えたら、会社経営など、しないほうが良い」

この種のフレーズは多々あるが、皆それぞれある一面を言い当てていると思う。

何か自分の言い訳になってきたような気がするので、この辺でこの話題は終わりにするが、とにかく朝から夜まで、仕事のために時間を消費していたのは事実である。

実は私が、前述の経営のカリスマ、ＣＳＫの大川社長のところに在籍していたときにも、似たような経験をしたことがある。昭和60年のＮＴＴ民営化後にはじまった情報ネットワークの構築ブームのときである。私は本社経営戦略室から出向という身分で、当該ビジネスを行う関連会社で忙しい時期を過ごしていた。２年後、創業期としては十分な成果を納めることができた大晦日、私は経営幹部とともに会議室にいた。会議室のテーブルの上には３５０mlの缶ビールとおつまみを盛った紙の皿がおいてある。ささやかな忘年会を開いた後だった。時刻は18時。

営業統括の専務取締役が口を開いた。

「ここまでは大成功。今日は成功した理由だけを、リストアップしてみないか」

これには参加していた7人全員が参加した。いつもは営業、開発、保守、管理などのそれぞれの責任者が、激しい議論を繰り広げてきた会議室であったが、この日は違っていた。否定的な発言は一切禁止。成功した理由、良かったと思うことだけを話せばよいということになった。

議題は、『なぜ、この仕事は成功したか』である。

社長が最初に発言したことをきっかけとして、休むことなく成功の理由と思われることが発言されてくる。営業課長をしていた社員がいつの間にか会議室においてあるミーティング用のホワイトボードの前に出て、それらの発言を漏らさず書いている。

技術のこと、マーケティング戦略のこと、企業の理念に関することなど、かなりレベルの高い言葉と文章で、ホワイトボードはその70％以上が埋め尽くされている。

私はそれまでほとんど発言をせず、その光景を見ていた。

いつもはけんか腰で議論しているメンバーたちが、今日はやけにニコニコして会議テーブルを囲んでいる。私はその光景が嬉しくて、しばらくその様子を見ていた。

改めて見てみると秀才ばかりなのだ。ノーベル学者を輩出した旧帝大理学部卒業、わが国最高レベルの大学からほとんど国策銀行のような金融機関へ入行し、経営企画にあたった者、フランチャイズビジネスで一世を風靡したカリスマ経営者などなど。われわれのようなＣＳＫ本社から出向したメンバーを除く、いわばプロパーの５人はペンタゴンと呼ばれていた。

だいたい、会社経営のスケジュールと物理学や天文学を同じレベルで語る面々だったのだ。

ある日のこと、製品開発のスケジュールが予定より３日間ほど遅れていることが判明した。製品出荷スケジュールに合わせてプロモーションスケジュールを組んでいた営業部隊からは大クレームだ。それを聞いた開発サイドの責任者はすべて物理学者だった。

出てきた反応が、きわめて冷静に、

「３日間程度のことでバタバタしないでくださいよ。３日なんて宇宙ができた歴史に比べれば、記録にも出てこないことですから」

これには、その場にいた全員があぜんとした。そういうことが日常的に起こっていた。しかしビジネスは猛スピードで進んでいた。そのとき私は急に、猛スピードの意味に気がついた。

元国策銀行出身のペンタゴンの１人が、急に私に話題をふってきた。

そういえば私の正面には彼がいた。私はたった今思いついた成功のキーワードを発言した。

「長時間、仕事をしたから」

社長がこれを聞いて、思いっきり吹き出した。隣のソファーに座っていたカリスマ経営者は握手をしてきた。その直後、会議室は笑いにつつまれた。

「そりゃ、間違いないわ。このメンバーで24時間仕事すれば、結果は出る」

というわけで、その会議のMVPは、ありがたいことに私に決定した。

ホワイトボードには、高レベルな難解な言葉と並んで、私の簡単な言葉が書き込まれた。ご丁寧にその言葉は丸く囲まれていた。

K‐1の仕事も24時間行われていた。この24時間は寝る間もなくという意味ではなく、文字通り24時間だった。珍しいことではない。海外を相手にしている仕事なのだから、時差がある以上しかたがない。海外の関係先がいちいち日本時間を計算して、こちらに連絡してくるわけはない。気がついたらすぐに連絡してくる。携帯電話は24時間オープンしていて、そこにランダムに連絡が入ってくるのだ。

その連絡は当然、それぞれのスタッフに入るのであるが、できるだけ早く決裁を下すためには、最終責任者である石井館長がほぼ24時間体制で連絡のつく状況にあることが必要である。この傾向は大会直前になればますます強くなる。

ぎりぎりでの契約条件変更、スケジュール変更などがありえる。またメディアのほうや周辺ビジネスも、ぎりぎりまで活動を続けている。そもそも仕事量が多いうえに、その種類は多様である。これに短期間で決裁を求めるケースが加わる。仕事しても仕事しても、そのバックログは増える一方である。

　実際いつ寝ているんだろうと思うほど、館長は仕事していた。私は館長との朝の打ち合わせを何度もスッポカされたことがある。

「佐藤さん、明日打ち合わせの時間ないですか？　13時から夜まで打ち合わせの予定が入っているので、朝しかないのですが……、9時半からでも、良いですか？」

　私はもちろん了解である旨を伝えて、翌朝待ち合わせ場所である館長滞在先ホテルのラウンジにいる。1杯目のコーヒーを飲み終わったころ、10時になった。館長はまだ降りてこない。

　実はK‐1スタッフに電話を入れ、昨夜は深夜3時まで館長が会社にいたという情報を仕入れてある。それからスタッフを連れて会社を出て食事をとっているだろうと想像できる。ということは就寝は朝方になる。それを知っていたので、私は9時半を過ぎても、多少の遅刻は大目にみることにしていた。

　そして10時を少し回ったので館長の携帯電話をコールした。しばらく呼び出し音が続いた後、それは留守番電話になった。私は到着している旨をメッセージとして残した。

　目の前には2杯目のコーヒーが運ばれてきた。私は今日の打ち合わせのために用意したA4判のメモをカバンから出し、それをテーブルの上において、このあとの打ち合わせのためのシミュレーションをして館長を待った。

　このメモは『AGENDA（議題）』と題したメモで、私と館長の間に残っている懸案事項を記録したものだ。大分類レベルでは7～10件ほどの件名が並んでいて、それを小分類レベルで数えると、およそ50件くらいの項目が書いてある。

3ヶ月くらい前からこの方法を使うようにしていた。

以前はあくまでも、ミーティングを召集した館長の目的を尊重するという立場を取っていたので、会ってからその日の議題が決まるようになっていた。しかしそれでは、当日積み残したこと、あるいは私のほうで、そろそろ決めていただかないと納期を守れない案件などが、ずるずる遅れてしまう。それが続くと多くの案件の納期が迫った状態となって、私や私への協力者が、取引先企業との板ばさみになってしまう。

そこで館長の最大関心事を尊重しながら、ごく自然にその他の案件も進行中であることを知らせるために、この議題方式を考案したのだ。

そこには私が考えた優先順位にしたがって複数の案件を記載しておく。おおむね最初の欄には本日の召集目的であろうと予測したことを書いておく。それと意外と効果的なのは、私自身の一番の関心事を最後にオマケ的に付ける方式である。このほうが目立つのである。

もしも忙しい上司に仕えていて、十分な打ち合わせ時間を取れないとする。そしてようやく時間を取ってもらっても、予定の時間内にすべての懸案事項に関する決裁を取ることができないとする。しかしそれとは無関係に、納期は迫ってくるし、取引先からの催促の電話やメールは容赦なくやってくる。それならば私は、アジェンダ方式を薦める。

打ち合わせの前に、忙しい上司はまず議題の一覧表に目を走らせるであろう。そうして自分が忘れていた案件に関する記憶を喚起させられる。場合によっては、当日の打ち合わせ内容がまったく変わってしまうこともあるはずである。

時刻はすでに予定のアポイント時刻を2時間以上も過ぎてしまった。もうすぐ正午になる。そんなとき館長が現れた。苦笑いをしながら、お辞儀しながらやってきて、

「すんません。かなり待ちました？」

といって、お辞儀した。いかにも寝起きという感じで、それが少しおかしくもあった。私は、

「いえいえ、ほんの2時間ほど」

と多少いじわるな答えをした。そして同時に、

「昨夜はかなり遅くまで、事務所にいらっしゃったみたいですね」

と、助け舟を出す。

「そうなんですよ。いろいろ決めなければいけないことがあって。終わったら午前3時過ぎていました。残っていた社員をそのまま帰すわけにもいかないじゃないですか。近くで簡単に食事でもしようと出かけたのですが、そこに○○さんがいて……」

そんなことで、私たちはようやくソファーに腰を下ろした。

余計なことかもしれないが、こういうケースでは私の抱えている案件が一気に消化されることが多い。おそらく館長は、自分の関心事よりは、私のほうからお願いしたことを優先的に処理してくれるはずである。しかも多少無理なことでも、私の要望が採用されることがある。

だから私は、館長の遅刻は大歓迎なのだ。

どんなに立派なカリスマ経営者でも、ビジネスの現場にいる者にとって、『人を待たせる』こ

とほど大きな弱みはないのである。

だからビジネス現場で取引先が遅刻してきた場合、あなたはむしろ喜ぶべきだ。決して腹を立ててその後のミーティングを台無しにするなどは避けなければならない。最大のチャンスを得ているのだから。そうそうあなたが約束の時刻にいつも遅刻してくるボーイフレンドを持っている女性であれば、それも幸せなことである。1年後、2年後、あなたの宝石箱は、美しい装飾品でいっぱいになるに違いない。

そうしているうちに、館長は私が用意したアジェンダに目を通し始めた。そして、

「あ、この案件、まだ残っていましたっけ？　今日は最後に書いてある件から打ち合わせしましょうか」

と話しはじめた。

「そのあとで、ちょっと相談したいことがあるので」

次の打ち合わせのときに私の用意したアジェンダは、1ページ少なくなっていた。

K‐1のことを24時間考えている人が、必死に考え抜いて作った計画が存在する。そしてそれを誰よりも長時間働く人たちが実行する。これでムーブメントが起きないとすれば、それはもともと潜在需要がないということだ。

あえて『潜在』と断ったのには理由がある。しばしば強い意志と行動力は、無から有を生むように需要を創ってきたからである。

いつの時代にも変人はいた。仕事で成功するには計画の精巧さや運も必要であるが、それはほ

んの一部にすぎない。やはり長時間働いた人には勝てないと、私などは考えてしまう。

私の好きな教訓を、ひとつ紹介しておきたい。それは、

『カ』『カタ』『カタチ』

と書くだけである。簡単に説明する。

ある仕事をする場合、一般的な手順は次のようになる。

1. まず、『企画』を作る
2. それをベースに項目をブレイクダウンして、『計画』を作る
3. 目的を達成するために、計画に基づいて、『実行』する

『カ、カタ、カタチ』は、それぞれこの各段階を示しているのである。その対応関係を図示すると、次のようになる。

企画　↓　カ　＝　1
計画　↓　カタ　＝　10
実行　↓　カタチ　＝　100

アイディアを考えたりスケジュールや経営資源を考慮する前の作業、一般的には構想とか企画とかいわれることを『カ』と表現した。これに要するパワーを基準と考える。つまりこれを『1』とするのである。

次に企画を元にして、実行可能な計画を立案するプロセスを、型を作っていくという例に合わ

せて、『カタ』と表現する。この段階では『カ』の段階より、かなり細かい作業を必要とする。

ざっと考えても、
・実現可能性の調査、分析
・必要な経営資源のリストアップ
・実行のための組織作り
・予算の手当て
・実行サイドとしての現場との調整、根回し
・スケジューリング
・最終承認用の実行計画書の作成
などなど気が遠くなるような作業がある。

このハードルを越えなければ、企画・構想は実行計画とならない。これに要するパワーは『カ』に比較して、10倍必要だというのが先人の教えである。

最後に『カタチ』である。型ができても、そのままでは使い物にならない。タコヤキの型を使ってタコヤキを作ってこそ始めて、私たちの食欲は満たされる。先に述べたように計画を作る作業は多くのパワーを必要とする。しかし、しかしである。その計画を実行するためには、さらにその10倍のパワーが必要なのだ。

驚くことに、企画段階に比較すればその１００倍のパワーを必要とする。

これはオリジナルの解釈であるが、私なりにアレンジさせていただくならば、

『実行は、企画段階の100倍の労働時間と知恵が必要である』

と言い換えさせていただきたい。

このようにして表参道の出会いから1年ほどのうちに、私はそれまでまったく経験のない世界での長時間労働グループに参加するようになっていった。

ここでは長時間労働があたりまえ。さらには必要なときに会えば良いというルールがあるから、打ち合わせの時間帯設定についても無制限。いよいよ予定の立たない生活が始まっていた。

■親しき仲にも契約あり

私は、その後しばらくは案件単位でK-1のお仕事を手伝うようになっていった。ビデオゲーム制作の仕事は契約も終わり、順調に開発作業に入っていった。その後はそれと並行してプロモーションのコーディネイトをしなければならない。特に選手に関する権利関係に依存する企画の場合は、その都度海外のファイターやマネージャーとの交渉事が発生するので、ことは大変である。

結局、メーカーや販売促進を請け負っている大手広告代理店の担当者からのリクエストを私が聞いて、それを館長と相談する。その内容が実行可能かどうかを最初に見極めるためである。周辺権利ビジネスへの認知度が低いという当時の時代背景があったので、どうしてもこちらとしては、恐る恐るお伺いを立てるようになる。

当然である。K-1運営側にとっても、ファイターにとっても、もっとも重要なことはリング上での対戦である。事故なく対戦が行われ、ファンに感動を与えて大会が無事に終了することこそ、もっとも重要なのだ。

そんな中、忙しいスケジュールの間をぬって、プロモーションイベントに出演するための時間を作るという作業が、あまり歓迎されていなかったのは容易に想像できると思う。これは直接選手との交渉にあたる渉外担当スタッフとしても同じである。いずれにしてもこのような細かい作業を積み上げてビデオゲームは発売されることになる。契約締結から約2年後のことである。

そのほかにもデジタル時代への突入とともに、K-1の世界にも多くの周辺権利商品を製作販売したいという提案が寄せられるようになった。これは幸せなことだ。しかし全員が全員、K-1側の仕組みを理解しているわけではない。中には実現のためにたいへんな労力を必要とするものも含まれていた。私たちはそれらをひとつずつ吟味して、商品化のための作業を行っていった。

また、エンターテイメントに限定することなく、K-1の普及とともにクリアしなければならない権利問題や契約問題が多く発生する。

そうなると私と館長が顔を合わせる機会が多くなってくる。場合によっては内容が専門的になるため、2人で法律事務所や弁理士事務所に赴いたことも何度もある。

先にお話ししたように、このころの館長の仕事は突然やってくる。つまり私としては予定が立たない。ときどき館長が海外に出張する。その場合に限って1週間単位でのスケジューリングができた程度である。

そんな中、館長からの提案により、私がある程度決まった時間をK-1の仕事のためにキープするような方法をとることになった。そのほうが双方にとってメリットがあると考えて、新しい方式をとることになった。今でいうところのソフトサービスのアウトソーシングのハシリである。ここで1番重要だったのは、お金ではなく、機密保持に関する条件だった。

K‐1側のリクエストは、契約締結中はもちろんだが、万一将来契約が切れた場合でも、機密保持条項は残ることを希望していた。通常、企業間で新製品開発や業務提携の検討のために結ぶ機密保持契約の場合は、契約終了後、3年から5年で双方の義務は消滅する。

しかしK‐1側の要望は、契約終了後も永久に機密保持を守ってほしいというものだった。

もちろん私が仕事を通じて知りえた内部情報や契約内容などを公開するなどありえない。ただひとつ問題がある。それは周辺権利ビジネスを通じて、将来私が他の格闘技団体やプロレス団体などと会えなくなることだ。つまりプロレス・格闘技の世界がその後、どのような展開を見せ、業界がどのように再編されようが、私はそちらにはタッチできなくなる。

現にそのとき、私の取引先の大手家電メーカーが、プロレスを素材としたソフトウェアを制作する企画を進めており、その件に関するプロジェクト管理について打診を受けていた。コンテンツビジネス花盛りであった当時、この種の案件は次から次へと話題に上っていた。

つまりK‐1側のリクエストに応えることは、将来に向かってこの種のチャンスに対して門戸を閉じることになる。

しかし結局、私はK‐1と24時間仕事をすることを選んだ。

そしてさっそく双方の約束事を書面として取り交わすことにした。

ビデオゲームのような大きな案件でさえ、見切り発車をしてきたわけだが、そのぶん逆に、今回のことは手順を踏みたいと考えた。これは館長も同じ考えだった。

最初の段階では前向きなことだけが見えているから書面などは必要ない。むしろ人によっては、「俺を信用しないのか」的な話になることさえある。しかし契約の前提条件を確認するためのよりどころ、あるいは歯止めにもなる。「言った」「言わない」のトラブルを避けるためにも契約書は取り交わしておくほうがよいのだ。

幸いにして、私がこのとき締結した契約書は、その後引っ張り出されることはなかった。しかし契約書の存在が、どれほどの安心感を与えてくれたことだろう。

自分の権利と義務を最初の時点で確認しておくことを、私なら何をおいても勧める。ましてや信頼できる知人・友人との契約であれば、それはなおさらである。甘えることのできる相手だからこそ、契約書を作っておくべきだと思う。これが、『親しき仲にも契約あり』ということだと考えている。

■短所はないのか？

さてここまでの部分で、私は石井館長と会ってから本格的に一緒に仕事をし始めるまでの経過を紹介させていただいた。冒頭にお話しさせていただいたように、私はＫ‐１の持つビジネスパワーに興味を持っていた。失われた10年間とまでいわれたこの不況下の日本において、これほどまでに急成長したビジネスがあっただろうか。

これは単なる偶然ではなく、そこに至る理由があった。多くのエピソードに隠されたビジネスアイディアとその実行の記録を伝えることが、ここでの大きな目的のひとつである。そこには不況から抜け出そうとしている多くのビジネスマン、会社経営者へのヒントがあると信じている。

ここまでにも、

・徹底したマーケット・インの手法
・独自のアウトソーシング能力
・異常なまでのスピード経営
・説明不要の長時間労働

などの仕事の仕方を紹介してきた。結局、成功したことの背景にある要素を紹介してきたわけである。それは言い換えれば石井館長の長所ということになる。

私はここまで紹介した範囲だけでも、すでに3年ほどの期間に渡る石井館長の人となりに触れてきたことになる。それではその間に気づいた短所はないのかということになるが、もちろんいくつもある。それは事実である。

もっともK-1の成長とともに、そのうちのかなりの部分は消滅してしまうが、変えて欲しいと思ったことは、いくつかある。確かに佐竹氏の出版物に記載された批判的な石井館長論に、私が反論したいと思ったことが、この本の出版の理由になっている。平たくいえば、

『そんな人じゃないです。貢献したことのほうが多いですよ』

という部分がポイントになっている。しかしだからといって館長にまったく短所がないという

わけではない。おそらくこの本が、世間の目に触れるときには、
・ちょうちん記事的な出版だ、とか
・実は、K‐1サイドが書かせたのではないか
などの論評が出て、かの有名なインターネット上の巨大掲示板『2チャンネル』あたりに、話題を提供することになると予想している。

そんなこともあり、ここでは私が館長に対して不満に思っていたことを、少し書かせていただく。ただし暴露本ではないので、あまり期待をしないでいただきたい。


最初に話しておきたいことは、やはり仕事に関していえば、決裁のタイミングのことをあげなければならない。つまり、

『決めて欲しいときに、決めてもらえない』

ということである。これは私に限らず、ほかの関係者も感じていたと思う。本来決めなければならないときに決めてもらえないために、余裕をもった進行ができないことが何度もあった。

これはなにもK‐1に限ったことではなく、大企業のビジネスマンの口からもときどき聞かれるクレームである。よく居酒屋で隣のテーブルから聞こえてくる会社の話題は、この手の内容が少なくない。

「部長が、なかなか決めてくんないから、後がしんどいよ」

「俺なんか、部長と外注先の板ばさみになっちゃって……」

「決裁を頼むと、情報が足りないといわれて」

これと似たようなことは、ときどきあった。

私としては他の仕事との関係もあるので、できるところから早めに決裁の手続きをとり、後工程を走らせておきたいと考える。しかしその希望は無残にも打ち砕かれる。おそらく館長の頭の中には、別の作業工程表ができあがっていたに違いない。

館長の作業工程表は、通常、納期ぎりぎりに間に合うようにできている。決裁はぎりぎりまで後へ引っ張るほうが良いに違いないのだ。

もちろん大会直前に出場選手変更があった場合など、決裁を伸ばしたおかげで印刷物の変更が間に合うこともある。しかしそんなにしばしばあることではない。

いつもぎりぎりになって、私の携帯に館長の番号が着信されることになる。

「例の件、そろそろ決めなければいけませんよね」

私はこれまた、ちょっと不機嫌に答える。

「えー、そうです。最悪でも明日の正午までには、決定して連絡しないといけませんね」

その場合の館長のレスポンスは、いつも同じである。

「佐藤さん、今日のご予定は?」

というわけで、その日の予定を大幅に変更し、かつ複数のアポイントメントをキャンセルして、私は背水の陣の打ち合わせに出かける。もちろん私も、何もせずこの状態に甘んじていたわけではない。いろいろな対策を試みた。

例えば事前の計画段階で大日程表を含めて合意しておいて、その中に大きな字で決裁のポイントと予定日付を表示し、その担当者欄には館長の名前を明示する。これを見れば、決裁が遅れる分だけ後ろへずれることが明白である。しかしそれは無理であった。後工程の余裕分を見抜かれるのだ。

結局この短所は変わらなかった。私も対策をあきらめた。逆に決裁が予定より遅れている場合は、デッドラインに近づくにつれて私は他の予定を入れなくなった。変更可能なアポイントメント以外は入れなくなった。本末転倒だと思いながら……。

あなたの会社の部門長のデスクには、書類入れがあるだろうか。それは2段式だろうか、3段式だろうか。前者なら、『未決』と『決裁済み』になっているはずである。

しかし後者であれば、その間に『保留』というトレーがあるはずである。自分の出した書類がそこに長期間滞在しているとしたら、その夜、よく眠れるだろうか。

決定をぎりぎりまで引き延ばすことによって、成功してきたと確信していたのかもしれない。しかしそこには、多くの担当者による微妙な運用があったと考えるべきだと思うのだ。あるときには現場レベルでの独断。またあるときには見切り発車である。

事後報告というのはタイミングが難しい。

次に、話しておきたい短所。それは独特の時間感覚のことである。あえて命名するなら『館長時間』といえる時空のことである。簡単にいうと、館長は自分自身のみが管理するカレンダーで予定を組んでいく。しかも悪いことに一度書き込まれたスケジュールでも、館長の関心がなくなったり、一時的に優先順位が変化すると、突然スケジュール表から消える。一方で現場レベルでは当初方針にしたがって作業は進行している。館長の頭の中からは、その仕事・案件自体が消えてしまっている。現場は悲劇である。

通常こんなことが続くと、中には、

「もうこんな仕事、やってられません」

といって、K‐1の周りから離れていく人がいても不思議ではないと思われるのではないだろうか。実際、そのような言葉とともに音信不通となった人は少なくない。たぶんこれは今も変わっていないのではないだろうか。とにかくカレンダーが特別なのだ。

このカレンダーに関する逸話はたくさんある。ひとつだけ紹介しておくことにする。

あるときK‐1の運営体制について早急に決定したいことがあるので、人事のことや契約方式を含めて、緊急にシステムを考えて提案して欲しい旨の要請が館長からあった。聞けば2日後には、その提案文書が必要とのことだった。とにかく『緊急』とのことなのだ。

私はそれから2日間、他の仕事をキャンセルして泊り込みで提案文書を作成して、約束の日に直接手渡した。その後2時間ほど質疑応答をしてその場を離れた。追加の質問は翌日にでも継続して打ち合わせて早期実施をしたいというのが館長の説明だった。

そして2年が経過したある日。石井館長から電話がかかってきた。

「佐藤さん、今日は打ち合わせのお時間ありますか?」

それを聞いた私は、その日はオフィスで仕事するだけで来客などは済んでいたので、

「大丈夫です」

と伝えた。それに対して館長の説明。

「では2時間後にいいですか。先日、急いで作ってもらった資料の件で打ち合わせをしたいので……」

その後、電話でやりとりして、その資料の内容を知った私は、思わず椅子から転げ落ちそうになった。それは2年前に作った提案文書のことであった。

そうなのだ。

『2年前は、先日なのだ』


短所という点では、他にももちろんいくつもあるのだが、結局、エピソードということで笑い話になることが多い。中には紹介したお客様やスポンサー企業の担当者が目の前で怒られたりしたこともあり、私も内心ハラハラしたこともある。これはすべてK‐1の認知度に依存するのだ。K‐1のことが十分に世間に伝わっていない状態では、自分がK‐1に注ぎ込んだ思いと違ったことを他人が話した場合、商売抜きにして不愉快になることはある。

したがってこの手のトラブルは、K‐1の浸透に伴って減っていくことになる。これを外から評価すれば、

「最近、館長は、丸くなったね」

という言葉になるようだが、これは同じことをいっている。

相手が館長にとって不愉快なことを口にした場合には、それは認知度アップのための広報活動が不十分なんだ、もっとがんばろうということで自分を戒めることができるようになったのだと思う。そういう意味では、この部分はその後劇的に改善された短所かもしれない。

考えてもみてほしい。命をかけて真剣勝負を展開している選手を見ている本人に向かって、いかにK‐1初心者とはいえ、

「K‐1って、やっぱり、八百長とかあるんですか?」

という話題をふってくる人がいたとする。あなたならどうしますか? 答えは明らかだと思う。誤解を生むような対応がまったくなかったかといえば、それは違うと思う。しかしそれは厳しい環境の中で、別の言い方をすれば通常のビジネスルールが適用できないような世界と大企業にも対応できるビジネスルールをアジャストする世界で、毎日真剣に会社経営にあたっていたことの証であると私は信じている。

確かに難しい経営だった。ところが館長はそういう環境の中でさえ、改革精神に満ちた会社経営を行った。改革とは本来、不連続なものを指す。そこには従来の常識との調整とか、政治的妥協があってはならないはずである。

もっともここまで書くと、青臭いという指摘をする方がいるかもしれない。しかしK‐1の歴史の中には、いくつかの『不連続の変化』があった。もちろん自然に起きたわけではなく、意志

を持って常識の打破と新しいルールの構築に取り組んだ結果である。

私が今回の出版にあたって一番書きたかったことは、この部分かもしれない。現実に改革を推進するとは、こういうことなのだ。その先には目に見える成果があるはずだ。

改革とはお題目ではなく、実際に実行すべきものであり、また実行した人がいるということを知っていただければ、私の目標のほとんどは達成されたことになる。

そこにはまさに『常識破りの会社経営』が存在していた。

第五章
常識破りの経営

■K-1のKは改革のK

さてこの本の前の方で、『K-1のKは空手のK』という話を紹介させていただいた。K-1は単なる格闘技ではなく、空手の心をもった武道なのだ。だから感情移入しやすいのだ。特に日本人にとっては、なんともいえない魅力、昔なつかしいともいえる魅力を感じることができるという話をさせていただいた。

つまりこれはK-1というものを、ソフトウェアという観点から捉えた場合の見方である。現在、流行している言葉で表現すれば、日本人の心に響くコンテンツということになる。

そこで今回は視点を変えて、ビジネスとしての立場、あるいは経営という立場から見た場合にどうかという話題について、私が考えるところを書いてみたいと思う。

その点でいえば、K-1の経営戦略の特長といわれれば、やはり非常識を常識に変えた改革精神といわざるをえない。こじ付け的にいえば、『K-1のKは改革のK』ということになる。

今や世の中、改革ブームである。例えば3年ほど前に始まった政治改革ブーム。さすがに3年も立てば、いくつかの案件についてはクロージングの段階を迎えつつある。結論が出たものもいくつかある。しかし現実は、あまりすっきりしない決着を見ているケースが少なくない。

それに対して改革のKは、誰の目にも分かる成果を残してくれたように思う。なぜ、誰の目にも分かるのだろうか。答えは簡単である。K-1は、マーケット・インを実践してきたからだ。したがって改革の内容は、マーケット、すなわちK-1ファンがメリットを享受できる改革だからだ。

ある改革を実行する。それによってK‐1のチケットを買って会場に足を運んでくれる方、あるいはテレビ放映を観てくれる方が、事実を見て改善点を理解してくれさえすれば良いのだ。K‐1では、これから述べる多くの改革を実践してきた。そしてそれは間違いなくファンに対してメリットを提供してきた。

皆さんはK‐1の改革内容について、実施後に別の記者会見席を用意して、K‐1側の責任者が解説した場面を見たことがあるだろうか。あるはずがないのである。明確な改革効果というものは、明らかに分かる形でK‐1ファンの前に提供されるため、説明など不要だった。

ファンの視点から考えて、ファンにとって不利益なシステムや慣習があれば、それを改善していくという姿勢を鮮明に示したという点で、K‐1は特異な存在であったといえる。後に述べるが、それを実現できた要素は何だろうか？　答えはシンプルだ。つまり、『K‐1というソフトが持つパワー』が強力だったからだ。

だからこそ既存の意味不明な、提供者側の都合で構築されたシステムや慣習を打ち破ることができた。ここで重要なことは、そのパワーを付けてくれたのは、会場に足を運び、テレビ放映を観て、K‐1グッズを買ってくれたファンの方。さらにはK‐1の楽しさを世間に伝えてくれた報道機関の方々であることだ。そのような多くの人に支えられて、その声をよりどころとして、K‐1創設者の石井館長は多くの改革を実行してきた。

ではどのような改革を実現したのか。これはかなりの数に達する。ざっと思い出しただけでも以下のようなものをあげることができる。

・ファン第一主義、イベントチケット販売システムの改革
・コンテンツ所有者と地上波ＴＶメディアのフェアな関係構築への改革
・ファンの利便性アップ、インターネット時代へマスメディアの意識改革

いずれもビジネスとしての効果は絶大だった。

しかしそれと同時に、その意味合い自体がエピソードとして面白い。そこにはまさに、石井館長がＫ‐１を通じて世に問うてきたマーケット・インの思想が生きていた。

ここでは少し紙面をいただいて、その概要を紹介させていただくことにする。

■チケット販売の闇に灯りを灯す

コンサートや、スポーツイベントの入場チケットを購入する場合は、どのようなアクションが必要になるだろうか。すでに発売済みのチケットであれば、欲しいときに代表的な『チケットぴあ』などの店舗に出向いてそれを購入することになる。

また予約販売の場合は、予約開始の日時になったら、それらのチケット販売会社が指定する番号に電話して、必要な券種を必要な枚数予約することになる。そして後日、何らかの方法で実券を入手する。

しかしこれは、入手が比較的楽な品目の場合の手続きのことを説明しているに過ぎない。では、予約開始直後に完売となってしまうような人気コンサートなどの場合は、どうだろうか。

予約開始日時の10分前、あなたは電話機の前に座っている。かたわらには、あなたがこれから電話しようとする『チケット販売会社A社』の電話番号のメモが置かれている。

さて予約開始時刻になった。あなたはダイヤルを開始する。受話器の向こうから呼出音が聞こえてくるかと思いきや、そこから聞こえてくるのは、無情にも『話し中』を示す音である。

その後、何度か受付センターへの接続を試みるが、15分たった今も受話器の向こうから聞こえてくる音は、

「ツー、ツー、ツー……」

だけである。

そして30分後、ようやくその音は、聞きなれた呼出音に変わった。まもなく受話器の向こうからは女性の声が聞こえてくる。

「お電話、ありがとうございます。○○チケット販売センターです」

ようやく電話がつながった。あなたは続けて注文内容を伝えようとする。しかしそのとき電話の向こうから聞こえてきた一方的な声の内容に、あなたの表情は落胆に変わってしまう。

「本日予約開始分の○○チケットは、すべて完売いたしました……」

そうなのだ。電話がつながらないのだ。至近な例では、日本で行われたサッカー・ワールドカップのときの日本代表戦では、この種の報道が連日行われていた。

嬉しいことに、Ｋ‐１のチケットの場合には、常にこの状態が続いていた。先行予約ということで決まった枚数ではあるが、そのチケットは、このような方法で販売されていた。しかし電話

がつながらないというクレームは、しばしば寄せられていた。そのことにいつも悩まされていた。ただしここで問題だったのは、業界の常識だった。その内容は、仕方のないことである。どうしても『人気イベントのチケットが予約しにくいということは、入手確率をあげるしかない。あるいは入手したいなら、継続的なファンクラブへ入会することで入手するしかない』

イベント関係者とコネのある人を探して、入手するしかない』ということなのである。つまり、ダメなものはダメということだ。

さて、あなたは友人に電話して、チケットを予約できなかったことを伝える。そのとき、友人が首尾よくチケット予約ができたことをあなたは知る。おかげで、念願のコンサートに行くことができたのだが、その際ひとつの事実が判明する。

実は、あなたが電話したA社ではなく、友人は同業B社に電話していた。ちなみにあなたが電話したA社は業界大手であり、それがあなたにA社を選択させた理由である。

業界大手であれば当然、手持ちのチケット枚数が多いはず。しかも電話回線も多いはず。ということは、予約できる可能性、確率が高いとあなたは考えた。これはきわめて標準的な発想だ。それではB社に電話して予約できた友人は、単純にラッキーだったのだろうか。事態はそれほど単純ではない。

私はあるとき、K‐1事務局のデスクで仕事をしていて、もれ聞こえてくる会話の中から、ある事実を知った。予約段階で残券ゼロであったチケットだが、大会開催1週間ほど前になると、突然100枚、200枚単位で、手元へ戻ってくることがあるのだ。これは複数のチケット販売会社から戻ってくる売れ残り分なのである。最初私は、理由が分からなかった。

チケット販売会社というものは、予約開始前に多めの枚数を割り当ててもらって、それを販売するらしい。チャンスロスを防ぐ目的は分かるのだが、ファンに対してあまりにも不親切である。1万枚販売するつもりでいたら、1万2千枚を割り当ててもらうわけだ。いつの世でも販売側がパワーを持っているので、通常、リテールがバイイング・パワーを武器にしてわがままをいう。

この傾向は大手ほど強い。わがままが通らなくなると、

「それでは、うちでは扱えない」

式の話にまで発展することさえあるのだから、始末が悪い。

このようにして、多めに確保していたチケットが大会間際になって余ってしまった場合、K-1事務局のチケット販売担当者に連絡が入る。

チケット担当者にしてみれば、いい迷惑だ。担当のところには毎日のように、他のチケット販売会社などから、

「今回のチケットは、もう残ってないですか？」

「もし、あるようだったら、10枚でも良いから、こちらへ回して欲しい」

という連絡が入っているのだ。

もちろんチケット販売会社に限らず、K-1関係者、正道会館関係者、マスメディア関係者などから、連日問い合わせが入る。もちろん知人・友人関係からも電話が入る。もっともチケット

担当者として、一番プレッシャーになっていたのは石井館長からの電話だったようだが。

そこで、余ってしまった大手チケット販売会社から回収したチケットを再配分して、他のチケット販売会社などへ回すのだ。

つまりここで分かることは、必ずしも大手チケット販売店に多くの枚数のチケットが割り当てられているというわけではないことだ。しかしそのあたりの情報を開示することは、誰も考えなかったし、タブーとされていた。

ある時期、石井館長は画期的な告知を行った。雑誌の広告欄を見ると次回のK‐1大会のチケット販売を告知する文字が躍っていた。

大きな文字で、○○月○○日△△時より一斉予約受付開始と書かれていた。さらに続けて5～6社ほどのチケット販売会社の名称と電話番号がかかれていた。

ところがその右横に書かれていた情報を見て、私は目を疑った。そこには各チケット販売会社別に、今回取り扱い可能なチケット枚数が記載されていた。

・チケット○○　　３０００枚
・○○チケット　　４０００枚
・チケット○○○　２５００枚

と、こんな様子で、販売可能な数量が明記されていた。一般的な常識として大手のほうが取り扱い枚数も多いので、購入しやすいと思われがちである。しかしこうして数字を見せられると、意外にそうでもないことが分かったりする。結局この情報開示によってファンの電話先は分散して、利便性は向上することになった。

また、販売側としても、『バイイング・パワーにより多めに押さえておいて、あまったら返品すればよい』などという安易な販売方法がやりにくくなる。その点でも合理的効果がある。現実にその後、大会開催直前での返品チケットのデリバリーなどというムダは明らかに減った。

当然、このようなことをする段階において、チケット販売会社からの反発もあっただろうと想像できる。しかし地道な交渉と説得によって、それを成し遂げたことは大いに賛辞されることだと思う。

チケット販売については、従来はあきらめられていた部分について大胆な発想と実行力で、館長は新たな流通方式を提案し、受け入れられたということである。これはさらにその後、インターネットによるチケット予約申込みの仕組みなどへも発展していく。

たとえば、これなら話し中ということはないのだから、とりあえず申込みはできる。その後が抽選なのか先着順なのかは別である。お客様からみれば、そもそも電話が話し中で申込みさえもできない状況よりは、はるかに健全だ。

メーカーが必死に1円、2円をコストダウンした製品が、小売店の店頭では平気で10円、20円値引きして販売されている。これこそまさに流通段階のムダ、不合理を証明していると感じている。ソフトを販売している場合でも同じだ。

必死に作ったコンテンツを観たいと思う人に、なるべく多くの人に観て欲しいと思うのは、作り手としては普通の感覚だ。流通という機能は、その思いをムダにしてはいけないと思う。

■テレビ局との新たな関係

93年に開催された最初のK‐1GP以来、K‐1のテレビ放映はフジテレビ系列で事実上独占的に行われてきた。日曜日の深夜になると、ときには午前零時をはさんでモータースポーツのF‐1GPが放映され、そのあとで格闘技イベントとしてのK‐1GPが放映されていた。

私も石井館長との出会い以来、友人・知人との雑談の中で、K‐1の話題になると、いつも同じことを聞かれるようになっていた。

「K‐1って、フジテレビがやっているんですよね」

100人中100人、同じことを聞く。テレビのキー局というのは、それほどパワーを持っているのだ。私はその都度訂正する。

「K‐1自体は独立した会社がやっているんだ。テレビの放映権を持ってオンエアして

いるのが、今はフジテレビということなんだ」

そのように説明すると、全員驚く。さらに私の周辺には大手広告代理店や放送関係者が少なくない。続いて出る質問も、だいたい同じだ。

「そうなると、フジテレビ側の意向とかも相当考えてやらないと、問題出るんだろうね。演出とか、広告販売とか、場合によってはマッチメイクとか」

「その点、石井館長の調整力というか、政治力は、すごいと思うよ」

これは、ある意味あたっている。相当にそれ自体パワーを持っているコンテンツでなければ、テレビ局の意向によってイベント内容そのものまで影響を受けるのは、私もたくさん見てきた。またある意味、マンネリになることがある。

Ｋ－１の場合に限っても、確かにその兆候は後になって出ていたように思う。深夜枠でスタートしたＫ－１のテレビ放映は、着実に視聴率を取るようになっていた。深夜としては異例の視聴率。特に占拠率においては、きわめて優秀な成績をおさめていた。そのような中で、ついに念願のゴールデンタイム進出を果たしたのが、横浜アリーナで行われた『Ｋ－１　スターウォーズ』だった。しかも生放送。

ファイターにも意志が通じたのか、すばらしい試合の連続となった。その後ドームツアーが実現したこともあり、Ｋ－１はゴールデンタイムの常連番組となっていく。そうなるとますますマンネリ化のリスクがついてくるのである。

テレビの場合、深夜よりはゴールデンタイムのほうが、なにかにつけて番組制作上の制約が多くなってくる。たとえば深夜であれば、かなりターゲットを絞った、特定ファン向けの番組作りが可能である。しかしゴールデンタイムのソフトとなると、そうはいかない。

幅広い客層に平均的にアピールすることが必要となる。これがテレビ局サイドの意向となる。したがってK‐1サイドでプッシュしたい若手選手、あるいはその業界では有名な話題のファイターが出場していても、そのためのオンエア時間は少なくなるのである。ときによっては会場で観たK‐1と、ゴールデンタイムで観たK‐1では、まったく違う大会のように見えることがある。

また一方で、K‐1出場選手のすそ野の拡大もあり、イベント開催の頻度をあげなければならないという状況も現れてきた。この段階では、実力ある人気選手の数もかなり多くなっていたので、年間開催回数を50％増やす程度で大会の品質が落ちるようなリスクはもはやなかった。またファンの立場としても、ライブでK‐1を観ることができるチャンスが増えることは悪いことではない。特にこの傾向は、地方で顕著だった。

世界ナンバーワンを決定する、後の、『K‐1 ワールドGP』がドーム級の大会を行う以上、その開催場所は東京・名古屋・大阪・福岡クラスとなる。それに海外での大会が加わっていた。ある意味宿命ともいえるが、地方からの要望には、応えることができないでいた。

一方で、K‐1ジャパンリーグは、日本人育成の試合である。ルールはK‐1ルールだから、まさにK‐1の大会だが、多くの観客を呼べるような選手はまだ出現していない状況だった。

いかに地方大会といえども、高いお金を払って観に来てもらうには、グレード的に問題があった。それなら日本人選手を育成する大会の中で、ワールド級の有名K‐1ファイターの試合を数試合行うことができれば、どうであろうか。いろいろな問題を解決できる。

それをテレビ局がオンエアやプロモーション面でサポートしてくれるなら、話は成立する。そのように考えたのだ。この内容は、館長自身のコメントとして何度も報道されているから、ここで話題にすることにした。

物事には『すじ』というものがある。私たちはこのプランを文書にして、その時点で実質的に独占放映権を持っていたフジテレビ側に提案することになる。

「日本人育成をテーマとした新カテゴリーを設定して、新たなジャンルを作りたい」

「イベントのグレード的にワールドクラスの選手を参加させたい」

「もちろんフジテレビでオンエアしているGPへの配慮には万全を期す」

大すじ、このようなことである。フジテレビ側の担当者は、その趣旨をよく理解してくれたし、特に日本人育成という点では賛同してくれて、会社の意思を確認することになった。

一方で、他の複数のキー局からは、K‐1の放映権についてのアプローチがあった。

これは当然のことである。裏番組でやられていたのなら、やりかえしたいと思うのが業界の常である。しかし先に述べたK‐1側の案とは異なり、この場合は、いわゆるフジテレビからのお引越しを意味するものだった。相手の4番バッターにいつもやられているなら、4番バッターごと引き抜いてしまえというわけだ。

それまでのフジテレビ系列とのお付き合いを考えれば、乗りにくいことであった。しかし実際

にはこの後、

「最悪、フジテレビと割れてもよいから、ベストを尽くしましょう」

「分かりました。賛成です」

というような会話が、あったことは事実なのだ。

それが現実のものとならなかった裏には、多くの関係者による、K‐1のことを考えての努力があったことはいうまでもない。

結局、フジテレビは、『K‐1 日本人大会』に関する優先交渉権を手放すことになる。そして、当初は収益が見込めないリスクのあった当該大会の支援を決めたのが、日本テレビ系列だった。私が見ていても、日本テレビは最大の便宜を図ってくれたと思う。単なる大会の放映ということでなく、広い意味でのマーケティングについて多大な貢献をした。

結果として当初2千人クラスの会場でスタートしたK‐1ジャパン大会は、その後、K‐1ワールドシリーズに匹敵する規模まで拡大していく。

この段階で、格闘技界では史上初といわれる偉業を成し遂げることになる。

K‐1は、フジテレビ系列でも、日本テレビ系列でも観ることができるようになった。東京ドームで開催される巨人戦が、日本テレビでのみ放映されていた。それが昨年、巨人軍の意志によって、一部、NHKでも放映されるようになった。社会的な認知度に差はあるだろうが、これと同じことを先にやったのだ。

その後、TBSでもK‐1シリーズが放映されるようになった。なんとひとつの格闘技イベントを、3つの地上波テレビのキー局で放映しているのだ。相手がマスメディアということを考えれば、これこそが最大の改革であり、常識破りといえるのではないだろうか。

　ソフトの作り手側が、明確な戦略と意思を持ってメディアの活用にあたれば、それは最大のファンサービスとなる。またテレビ局としても、全体としてチャンスロスを防止した上で、そのビジネスチャンスを最大活用できる。

　世界ナンバーワンを決めるためにヘビー級ファイターが激突する『K-1ワールドGP』、これはフジテレビ系列にチャンネルを合わせれば観ることができる。

　また、世界に通用する日本人ファイターを育成しようとする『K-1ジャパンGP』を応援しようと思えば、日本テレビ系列にチャンネルを合わせる。

さらに日本人ファイターという点では、もっとも選手層が厚く、ビジュアル的にも若い女性にアピールできるファイターの宝庫、中量級については『K‐1 MAXシリーズ』を新設した。こちらはTBS系列で楽しむことができる。

明確なコンセプトの上に、K‐1のメディア戦略は生きていた。絶妙なバランスの上に、複数のテレビ局との共存関係を作りあげたのは、ほかでもない。常識破りの経営を実践する石井館長だった。

■日本初、本格的なインターネット生放送

私の本職が、コンピュータ・ソフト、インターネット用コンテンツということもあり、いつかはK‐1を題材としたソフトを提供してみたいと考えていた。

ちょうどそのころ知人の紹介で、インターネットを使用した動画配信を行うためのインフラ提供企業の役員と交流を持つことができた。当時は、パソコン通信からインターネットへと急速にデータ通信のプラットフォームが変化していた時代だった。

インターネットを利用した動画配信は、劇的な効果を持っていた。それまでは文字とせいぜい静止画像を使った遠隔コミュニケーションが、一般の人が使用できる限界であった。これは、通信回線などの技術的な問題もさることながら、コストの問題も含めてのことである。

しかし人間というものは贅沢なもので、一度動画を使ったコミュニケーションを見てしまうと、その訴求力の違いに、その味を忘れられなくなる。

そういう背景もあり、何人かの先進的な技術者、あるいはマーケティングの専門家がインターネットを使った動画によるアプリケーションを紹介していた。中には、ノートパソコンにモバイル端末をセットして、アウトドアのイベント会場からその模様を実況するなどというケースもあった。

しかしデジタル化するための2次利用権についての解釈があいまいであったため、既存の映像を使ってのデータ通信については権利の問題で、ほとんどの人が実行できずにいた。たとえばアーティストのプロモーションビデオやＣＭフィルムなども、その例である。

基本的に契約・撮影段階で2次利用についての契約がなされていない場合は、それをデジタル化してインターネットに乗せるなどということは、事実上できないのである。一部の外国で問題になっている海賊版と同じ扱い

になってしまう。りっぱな著作権法違反だ。

　ましてや地上波テレビのゴールデンタイムで放送されるようなソフトを、動画コンテンツとしてインターネットに乗せるなどということは夢のまた夢と思われていた。

　私は、できることならばK‐1のテレビ放送の映像をインターネットで放送したいと考えた。しかも可能なら、当時最先端といわれていた『インターネットによる生放送』を実行したいと考えた。これができれば、視聴者としては会場と同じ時刻に、同じ感動を味わうことができる。特にテレビで生放送が行われない地方の人は、録画放送の前にK‐1を動画で観ることができる。さらにテレビ局にとってみれば、その後に始まる録画放送のための有効なプロモーションになると考えた。

　もっともこれについては、編成局などから、放送前に結果が分かるから視聴率が下がるのではないかという反対意見が出ることは予想していた。事実、反対意見はあった。しかし私の相談窓口となってくれたテレビ局の賛同を得られたことと、その担当者がテレビ局内のキーマンを説得してくれたことで、これは意外に簡単にクリアできた。

　さらにインターネットを使用しているから、海外でもK‐1の映像を観ることができる。当時、海外において急速に増加していたK‐1ファン、および海外滞在中・赴任中の日本人には効果絶大だった。

　どうやら権利関係はクリアできそうな状況になっていた。対象は97年のK‐1GP開幕戦と決まった。場所は大阪ドーム。テレビ局は、関西テレビ。

関西テレビだからこそ、地上波テレビで使う生映像をそのままリアルタイムでインターネットでオンエア、実際にはオンラインであるが、することが可能であったのかもしれない。当然、編成局からは予想したような反論が出たが、そこは担当者の機転でクリアした。

「インターネットで確かに結果は先に分かるかもしれない。しかし映像としてはクリアでないから、ファンは絶対テレビも観て、もう一度感動を味わいたいと思うに違いない」

これが殺し文句だった。実際、視聴率は上がった。

当日は、大阪ドームに生放送のための設備をライトバンで持ち込んだ。そこには映像データと音声データをその場でデジタル化して、通信回線を通じて私たちのセンターに設置してあるサーバーへインターネット配信用のデータを送信するためのコンピュータ機器が搭載されていた。

私たちは当日、K‐1GP開幕戦を放送する関西テレビの中継車と私たちのライトバンを同軸ケーブルで接続した。これにより、関西テレビが収録した音声と映像をリアルタイムで私たちのコンピュータに取り込むことができる。これは画期的なことである。

技術的なものはともかくとして、このようなことを可能とする契約手続きが、よくぞ締結できたと思う。地上波テレビの著作物に関する権利関係、デジタル化して2次利用されるものに関する権利関係など、多くの初体験が積み重なっていた。

それに加えてテレビ放送前の映像と音声が、リアルタイムで動画配信されることに関するテレビ局側の営業上、編成上の問題などすべて初めてだった。

実は、私も実現できるはずはないと考えながら、石井館長にこの件の提案をしていた。K‐1

GPに関する主たる仕事から見れば枝葉のことだ。少なくともその時点では、そのようなことに時間と知恵を使ってくれるはずはないと考えていた。

しかし館長の反応は違っていた。

「地方のファンや海外の関係者へのメリットもあるじゃないですか。これからCSとかも出てくるので、この時期にやってみるのは良いと思いますよ」

「佐藤さんのほうで、直接テレビ局の方と調整してもらえるなら、やってみてくださいよ」

結局、この一言で『日本初の本格的なインターネット生放送』は実現した。あえて『本格的』といわせていただく。プライベート映像をインターネットで動画配信したわけではないからだ。権利ビジネスの代表ともいえる地上波テレビの映像と音声を使用したことに価値があったと思う。キー局であるフジテレビのリーダーシップのもと、関西テレビの協力を得て実施した新しい試みは、その後12月のK－1GP決勝戦においても引き継がれることになる。

ただしこの場合は、当日の編成上の問題により、リアルタイムでの配信は見送ることになる。しかしフジテレビのオンエア終了直後からの配信を認めるという最大限の配慮をしていただいて、十分にインターネットを利用したファンサービス、およびK－1そのもののプロモーション効果を得ることができた。

事例もない、法的にもグレーな部分が多く、すべてをひとつひとつ処理していかなければできないようなことだった。

しかし、将来に向かうデジタル化の波、世界への情報発信という点を見事にとらえた英断により、ここでもまた常識破りが行われた。

改革精神は21世紀のメディア戦略へ向けて確実に進化していた。そこには、コンテンツ事業のスタンダードを見据えた新たな権利ビジネスの核が見えていたと考えている。

■胸を張れる仕事へ

石井館長とはいろいろな話をした。その90％以上が、仕事の話だったと思う。館長の口からは常に、ソフトとしてのK‐1をどうしたいとか、会社としてのK‐1をどうしたいなどという言葉が聞かれた。そしてそれらの多くの個別事象に共通していたこと、それは、

「K‐1を、普通の仕事にしたい」

ということだと感じていた。社会から認知される仕事にしたいということだ。

これは誰のためでもない、そこで働く社員やスタッフのため、選手のため、あるいは興行にかかわる取引先の方のためである。関係しているひとりひとりが、

「オレ、K‐1の仕事しているんだ」

と、胸を張っていえるようにしたいということだ。

それにはK‐1そのもののイメージアップに努め、社会的認知を獲得する必要がある。『普通のことが普通にできる』ことが重要である。そのために館長は、とにかく細かなことまで気を配っていたように思う。

たとえば、こんな話をしていただいたことがある。

「自分のお小遣いで、K‐1のチケットを買ったとする。そして自分の席に行ってみると、ちょっと怖い感じの男の人が、そこに座っていたとする」

「そんなことって、あるんですか?」

「格闘技の場合はよくあるんですよ。座席指定なんかあってないようなものだったのですから」

「彼女を連れてその場に遭遇したら、どいてくれといえないでしょ。怖くて」

「こういうことが続くと、普通のファンは会場に足を運べなくなるんですよ」

なるほど、確かに嫌な思いはしたくない。

「だからK‐1の場合は、自分で買った席は、自分が到着するまで空いていないといけないんですよ。だからムダといわれても、場内整理に多くの人数をさくんです、例えば……」

また、社会的認知度ということでは、とても気にかけていた。K‐1が『現代用語の基礎知識』に掲載されたとき、朝日新聞や日経新聞に掲載されたときには、とても嬉しそうにしていたのを覚えている。さらにNHKで特集放映されたときもたいへん喜んでいて、オフィスの館長室で3回も同じビデオを見せてもらった。

そしてゴールデンタイムへの進出。これらすべてが認知度向上を通じて胸の張れる仕事・会社にしたいという思いの現れだった。

あるとき、ポロリとこぼされた言葉に、すべてが凝縮されている。

「社員がアパートを借りるための契約をするときに、会社名を書いただけで、その場で審査が通るようでなければいけないんですよ」

「クレジットカードも作れない会社だと、親も困るでしょ」

館長らしい分かりやすい説明だった。すべてを言い当てているように思う。あとは客観的な外部の評価を待つだけとなるが、やるべきことはやったという達成感は常にあったように思う。

いつのころからか、Ｋ－１を運営する会社に新卒予定者から就職の問合せが入るようになった。誰でも知っている大学からだった。またスタッフ募集のために求人誌に広告を出すと、募集予定人数の１００倍近い応募が寄せられることもあった。

そんなとき館長は、嬉しそうに困った顔をした。


胸の張れる会社とは、社会の役に立っている会社のことだと思う。電気、ガス、水道のようなインフラを提供する会社であれば、これは分かりやすい。しかしＫ－１の場合は事情が違う。極論してしまえば、『Ｋ－１がなくても、日常生活はできる』のだ。

つまり社会に必要な会社は潰れないという原則でいえば、突然潰れても不思議はないということになる。では何を通じて社会に必要な会社になるのか。ときどき、こんなことを真剣に議論したものだ。館長の言葉はいつも同じだった。

「感動を提供するんだ」

と。

Ｋ－１は、感動を提供することで成立する生き物だった。それにより、社会にとって必要な企業になるのである。胸の張れる会社になるのである。

しばらくして、私は館長との打ち合わせのために、K‐1の本社オフィスを訪ねた。いつの間にか、20人ほどが仕事をするオフィスができあがっていた。3人でデスクを並べていたころが懐かしくもあった。

そこには普通の会社の姿があった。生き生きと仕事をする社員の姿があった。私がちょっと驚いた様子でオフィスの風景を眺めていたときに、ふと館長と視線が合った。

館長はウィンクした。

■経営体としての責任

会社の社員のほとんどは、すでに創業期のバタバタを知らない新規採用の人材である。その背景には家族もいるし、将来を誓った恋人もいる。K‐1は、すでに社会に組み込まれた企業体になっていた。

いつも失敗する社員、仕事の遅い社員がいても、

「首だ！　辞めてしまえ！」

という訳にはいかなくなっている。

一握りのスーパーマンが少数精鋭のチームを組んで仕事をしていた時代とは明らかに違っている。仕事は一定のリズムで、ゆっくり進むことになる。

館長としても苦労はある。以前のような急ハンドルを切ることはできなくなった。

しかし、ルーティンワークは確実に進行するわけだから、経営判断する側としては、常に気にしておくべき作業項目は少なくなる。つまり不自由さは、そのメリットとの交換に与えられたものだ。さらに社員やスタッフに対する責任、これも引き換えに与えられたものだ。

人を雇用して周囲を巻き込んで仕事をするということは、そこに存在する生活に対する責任を抱え込むことである。

私はこのテーマで、鳥肌の立つ思いをしたことがある。それは、大阪ドーム大会の事前打ち合わせに、初めて参加した日のことである。

イベントの前には、必ず現場での関係者事前打ち合わせが行われていた。前にも書いたように、私はイベントそのものの運営にはタッチしていなかったので、K‐1に関係してから3年以上たっても、その会合に参加したことはなかった。

その年は、インターネットによる生放送に初挑戦することになっていた。私は初めてその事前打ち合わせに参加した。そこには１００人を超える参加者がいた。

参加者は、各担当チームの代表者である。つまりここにいる人間の数倍の人間がK‐1に関する仕事をして、対価を得ていることになる。20人の社員と同じことが、ここにいる１００人にとっても当てはまるのだと思うと、私は血の気が引くのを感じた。すでにとんでもない責任を背負っている。この日はただ一度の大会のために参加している人たちなのだ。K‐1は年間スケジュールで、世界中で行われようとしていた。

企業は継続しなければならない。

それが経営体としての最終的な責任の取り方だと思う。取引きに対する責任、雇用に対する責任、そして製品・サービスに対する責任。これらのあたりまえのことを再認識した、忘れることのできない日であった。

その夜、疲れた体を引きずって、最終の新幹線で、新大阪から東京へ戻った。珍しく一睡もしなかった。いや、できなかった。

第六章

アバウトK-1、素朴な質問

今回の出版にあたって、協力していただいた方々と何度も打ち合わせをした。そこで発見したことは、K‐1を知っている人、K‐1ファンである人が、私の周りにいかに多いかということだった。

その人たちから素朴な質問をされることが多い。私が長くK‐1の一部に携わっていたので、それは自然なアクションだ。インサイド情報というほど大げさではないにしても、雑誌や新聞では知ることができない、本当はどうなの？ という素朴な疑問だ。

もちろん私も守秘義務があるし、ましてや暴露をする気もないし、暴露するようなこともない。私は、とりたてて面白くもない話だろうなと思いつつ、その手の会話に参加する。

ここでは、私の知人・友人からよく聞かれることの中から、頻度の高いもの、比較的新しいことを中心にして、セレクトして紹介させていただく。もっと深い情報やぎりぎりのインサイド情報は、ビールでも飲みながらお話ししたい。

■本当にリアルファイトなのか？

「K‐1の試合は、本当に真剣勝負なの？」

「試合をする前に、勝ち負けは決まっているのではないか？」

「K‐1って、結局、プロレスでしょ？」

普通なら関係者には聞けないという質問の代表がこれ。こういう質問がいわゆる『怖い質問』ということになる。でも、

「真剣勝負、リアルファイトである」

とズバリ答えられる。

実はこの質問が圧倒的に1位なのだ。その理由を考えてみる前に、プロレス・格闘技の世界に流れる常識、慣習というものを整理しておきたい。プロレスは格闘技ではなく、エンターテイメントとしてのショーである。トータルとしての団体イメージや長期間かけて作っていくストーリー、選手間に繰り広げられる人間関係などの部分にドラマがある。それを構成するのが頻繁に行われる試合だ。したがって、勝敗を含めてのストーリーが用意されているわけである。

ファンを興奮させる試合のあと、そこには勝者と敗者が決定する。そしてそれを見事に受け継いだ次のストーリー展開が用意されている。次の試合だったり、リング外でのメディアを通じてのバトルだったりする。その展開にファンは魅了されるのである。

米国で人気のプロレス団体がある。そのプロデューサーがきわめて分かりやすく、そのあたりの事情を説明してくれている。

「ショービジネスとしてのプロレスにとって、重要なことはストーリーと分かりやすさである。そしてそれを伝えるためのメディア戦略である」

実際、インターネットの掲示板を見ても、その傾向はハッキリしている。格闘技の掲示板の場合は、試合の前後になると、急にその活動が活発になる。マッチメイクが決定するころから、大会が終わってその結果を知るところまでが、活動の期間だからである。したがって大会と大会の間は閑古鳥が鳴いている。

それに対してプロレスの掲示板の場合は、試合がある、ないに限らず、常に活動している。試合の間と間を埋めるかのように、これまでの流れ、団体間・選手間の関係などが流れる川のように書き込まれる。つまり、ファンの毎日の生活に流れる時間と、プロレス・ストーリーに流れる時間が同じなのである。

八百長などという人もいるが、その言葉は当たっていないと思う。しかし勝敗に限っていえば、基本的に事前に決まっている。それによって興奮と感動のプロレスワールドは形成されている。それでも、「K‐1は、プロレスではないのか?」という質問が出される。もっと厳密にいうと、次のように質問される。

「K‐1の試合は真剣勝負だと思う。でも中にはプロレス的に、事前に勝敗が決まっている試合があるのではないか?」

質問が生まれる背景として、『K‐1が、これまでに提供してきたストーリー』があると思う。最初に書いたように、K‐1の試合はすべてリアルファイトである。したがって、実際に試合が終わるまで、その後のK‐1や選手のストーリーを予想することはできない。そこにプロレスとの決定的な差がある。試合が終わるまで次の展開を予測できない。

『事実は小説より奇なり』

それを実践してきたのが、これまでのK‐1である。

小説でも書けないようなドラマチックな展開が、K‐1の現場においてはしばしば提供されてきた。あまりにも劇的な展開が何度も実現されてきた。それがこの種の質問を生み出す背景になっていると考えている。

「絶対、誰かが台本を書いているんだ」

「こんなに、うまく行くはずがない」

そう考えられても仕方がないくらいのドラマが作られてきた。その理由については石井館長の強運によるとしかいいようがない。

コントロールできないほどのパワーが、試合というK－1の歴史の分岐点に設置されたスイッチを制御していたといえる。大会後の雑談の中で、石井館長ともよくこんな話をした。

「今日の試合、びっくりしましたね」

「まさか、○○が勝つとは思わなかったですよ」

「勝ったらその後のK－1地図が変わるとは思っていましたけど、実力の差があるから、現実にはありえないんですよ」

「あそこで、あのパンチが当たるわけはないんですけどね」

「油断ですかね。とにかく1発当たったら、ヘビー級だから倒れちゃいますよね」

驚きの結果を一番楽しんでいたのは館長自身だった。

マッチメイクの打ち合わせ時点でもっとも多くの時間を要したのは、大会後のテーマに関するケース・スタディであったと思う。

K－1には、いつも分かりやすいテーマがあった。それがファンの興味を引いてきたし、選手のモチベーション向上に貢献してきた。

K‐1はリアルファイトである。したがって試合結果は終わってみるまで分からない。その結果によってその後のストーリー展開、テーマは幾とおりにも変化していく。それを議論しながら予想していくことで、できる限りの事前準備をしておく。

試合結果が事前に決まっているのなら、そんな心配はいらないのだ。この種の悩みは、その後、K‐1に有名プロレスラーが参戦するようになってますます大きくなる。

リアルファイトを経験したことのないプロレスラーはたくさんいる。彼らがある日突然、真剣勝負に参加するのだから、問題はいくらでも発生する。契約段階でのトラブル、試合直前の緊張状態によるトラブルなど、それほど違う世界なのだ。

真剣勝負の世界は、このようなプロレスとの関係で、この種の質問を誘発した原因になっている側面は否定できない。その後、選手の交流なども始まったため、それがまた疑問に拍車をかけている面もあるかもしれない。

ただしいずれにしてもK‐1のリングで展開される試合は、真剣勝負であった。勝っても負けても選手は傷つく。だから1年間で選手ひとりひとりが行うことができる試合数はおのずと限られる。連日のファイト、週1回のファイトなどできるはずもない。

K‐1を観たことがある方なら、これまでに現実のものとなったいくつかの『小説より奇なり』といえる事実を思い出していただきたい。私だったら、次のようなことを思い出す。K‐1がリアルファイトであるという事実を疑わせるに十分な多くのドラマがそこにはあった。

まず、冒頭で書いた96年『K‐1 GP決勝戦』そのもの。マイク・ベルナルド、ピーター・アーツ、アンディ・フグが演じたドラマ。明らかにその後のK‐1の歴史を決定付けたのが、あのときである。試合のひとつひとつがどうでなく、大会全体が巨大なドラマになっていた。

極真会館からK‐1参戦を果たしたフランシスコ・フィリオが巻き起こした『一撃』ブーム。空手といえば一撃必殺！　これは素人の私でさえ知っていることである。しかしいくらなんでも、K‐1の一流ファイターを相手にして実現できるなど、誰も期待していなかった。

仮に、小説として書いたときに、

『K‐1初参戦の最強の空手家が、デビュー以来、連続3試合を一撃KOで飾った』などいうストーリーを思いついたとする。おそらく編集者は笑ってしまう。相手にしてもらえなかっただろう。

しかしフランシスコ・フィリオは現実にそれをやってのけた。それ以来、K‐1会場に行くと『一撃』の文字が背中に書かれたTシャツが、どこに行っても目につくようになる。

K‐1の中に空手の風が、もっとも強く吹き込んだ時期でもあった。まさに『一撃伝説』である。

98年K‐1GPにおけるピーター・アーツによる2年ぶりの復活優勝もドラマチックだった。最強といわれながら2年連続して優勝から遠ざかっていたピーター・アーツ。もう優勝は無理かとささやかれたときに、彼はやってのけた。しかも決勝トーナメントの3試合を、すべて1ラウンドKO勝利。まさに鳥肌が立った。強い王者が小説以上の衝撃的な台本を演じて復活したのである。

その後も、無名の若手ファイターの登場、モンスターとなってK‐1に復帰したジェロム・レ・バンナ。アーネスト・ホースト、アンディ、ミルコ・クロコップなどによって、多くの予想不能なストーリーは展開される。

■ファイトマネーは?

スター選手のファイトマネーはいったい幾らぐらいなのか? 初参戦になる話題のファイターは、どれくらいのファイトマネーをもらっているのか?

そういえば最近も、曙のファイトマネーを予測する記事がスポーツ新聞の紙面を飾っていた。まさに最大の関心事。

ファイトマネーについての情報はK‐1にとって最高レベルの機密情報だ。その情報の流出は経営基盤そのものを揺るがすことになる。したがって残念ながらここで情報を開示することはできない。その代わりといってはなんだが、ファイトマネーに関する情報の重要さを示すエピソードを紹介することにする。

ある日の夕方、私は石井館長といっしょに、水道橋駅近くの喫茶店でプロレス雑誌関係者を待つことにしていた。そこで打ち合わせをするためだ。

館長の運転する車はJR水道橋駅前の路地に入り、喫茶店の前に停まった。私たち2人が車を降りて石井館長が車のドアをロックしたときに、館長の携帯電話の呼び出し音が鳴った。

館長は小脇に抱えていた鞄をボンネットの上に置いたまま、電話で会話を始めた。

私は自分の荷物を整理しながら館長の電話が終わるのを待っていた。しばらくして電話が終わった。

「すいません。お待たせしてしまって。行きましょうか」

石井館長は喫茶店の中に歩いて行った。

私はそれに続いた。そのとき、

「あれ、私、鞄持ってましたよね」

と、館長。あわててもう一度外へ出て車まで戻ってみた。

しかし鞄は見つからない。路上に落ちた形跡もない。わずか10分くらいの間だったが、とにかく見当たらないのだ。紛失か盗難かはともかくとして、ないものはないのである。

打ち合わせ予定の相手に電話して時刻を変更してもらい、そのまま交番へ。

結局、交番では対応できない内容があり、そのまま所轄の警察署へ行って、紛失物の手続きをすることになってしまった。

鞄の中にあったものは、財布だったり、手帳だったり、キーだったりした。その中で館長が一番心配したのは手帳だったのだ。もっと正確にいうと手帳の中に書いてあったファイトマネーのメモだったのだ。

確かに財布の中には現金も入っているし、クレジットカードも入っていたが、それについては館長は一言も話題にしなかった。お金は仕事をしてまた稼げばよいということである。しかしファイトマネーのメモについては、心ここにあらずの状態で心配していた。

仮にその情報の価値を知っている者がメモを手にしたら。メディアにとっては恰好のネタになる。もちろん他団体の手に渡れば、選手の引き抜き交渉などにこれ以上の武器はない。

まさにK‐1の存続にかかわる大事件だったのだ。

それから間もなくして、近所の建物内で鞄は発見された。現金だけが抜き取られて、そのほかのものはそのまま捨てるように放置されていたようである。盗難だった。

幸いにも盗難を行った者は問題のメモには興味がなかったらしく、多少汚れてはしまっていたがメモは無事に手元に戻った。

そのときの館長の安心した表情を、私は今でも覚えている。

ちなみに抜き取られた現金の総額は決して少ないものではなかった。しかしそのことについては、その日以降も話題になることはなかった。

■選手はどこから？

国内、海外を問わずK‐1に参戦してくる選手は多種多様である。K‐1以外のジャンルですでに名声と実績を得たうえでK‐1に参戦してくる選手もいるが、ファンとして興味深いのは無名選手のほうである。

前者についていえば、ある程度メディアや代理人を通じて、最初からビジネスベースでの下交渉が行われる。これは想像するに難くない。もちろんすでに一流といわれる格闘家をＫ‐１に参戦させるためには、その契約段階での苦労も少なくない。

ファイトマネーがどうとかいう前に、やるべきことはたくさんある。

通常、交渉段階で、その時点で有効な前契約が残っている。その内容によっては、積み残しているものがあったり、清算すべきものが残っているのだ。敏腕マネージャーが付いている場合を除き、選手自体もその時点での契約内容を知らないこともある。

そのあたりの事情について、ひとつひとつからみあった糸を解くようにクリアしていかなければならない。メジャーリーグやサッカーの世界のような明文化された移籍ルールが存在しているわけではない。しかたのないことである。

プロレスの有力選手、直近では相撲の元横綱曙などの場合は、この種の膨大な作業をクリアしての参戦実現だったろうと想像している。

では無名選手はどうやって発掘されるのか。

残念ながら魔法の杖は存在しない。長い時間をかけて地道に作り上げられた人的ネットワークに支えられた情報網によって、有力ファイターの原石に関する情報は、石井館長のもとに集められる。

私がＫ‐１に関わり始めたころ、Ｋ‐１の大会と大会の間の期間に、館長は忙しいスケジュールの間をぬってしばしば海外へ出かけていた。海外のプロモーターやメディア関係者との関係を構築するために自分で出かけていくのである。

また将来有望な選手がいると聞けば、選手本人やその選手がトレーニングを積むジムの責任者に会うために、自分で出かけていく。

当然、そこに至る前にはスタッフレベルでの情報収集が行われているし、書類やビデオを見て事前情報を入手している。しかしビデオといっても、いつの時点のものか分からない。そのまま信じることは危険である。

ビデオを見て、その選手の長所を引き出せるようなマッチメイクを作ったとする。さて選手が来日してみてビックリ！ 全然イメージが違うなんてことが、なきにしもあらずである。

このような地道な作業を通じてK‐1に参戦したファイターやその所属団体は、また地元情報に基づく有力ファイター情報を提供してくれる。ここが重要なのだ。

自らがK‐1に参戦して、そこで不満だけを抱いたとする。あるいは待遇やその後のケアについて不満を感じたり、主催者側への不信感を抱いたとする。そうであれば、おそらく新しいファイターをK‐1に紹介しない。やはりひとりひとりを大切に扱うことで、新しい可能性が広がっていく。石井館長の周辺には、壮大な口コミネットワークが構築されていった。

このような信頼関係に基づいた情報ネットワークと、それに確実に応えていくというK‐1スタッフの仕事ぶりが、選手発掘のための初期のネットワークを作り上げていった。

そしてその裏にあるのは、最後は世界中に自分で出かけて行って、実際に自分の目で確認してくるというK‐1創設者の行動力だった。

もちろんのちにはＫ‐１が有名になったことで、口コミ以外にも情報は寄せられるようになる。テレビで知ったり、媒体で知ったりと、いろいろな方法でＫ‐１のことを知ったファイターが、自分でＫ‐１のドアをノックしてくるケースが出てきた。これは自然な流れだ。

最近のＫ‐１を見ていても、私はやはり『壮大なる口コミネットワークが主流なのだ』と考えている。それは、出場してくる選手を見れば分かる。

セコンドについている顔、所属ジム、さらにはその選手の師弟関係などを見れば、そこにはなんらかの形でＫ‐１第一世代を支えた選手やジムの名残りがある。それは私にとって一番嬉しいことである。

休みもとれずに海外を走り回った結果として構築されたＫ‐１独自の情報網。それによって輝くステージを与えられたファイターたち。そのファイターが情報提供することで、新たに生み出される新たなスター選手。このような健全な新陳代謝のシステムがある限り、Ｋ‐１の自己増殖はとどまることなく続くはずである。

残念ながら、選手を発掘する打ち出の小槌を紹介することはできなかったが、信頼関係にもとづく情報網が存在することを伝えられれば、私は満足である。

マスメディアを最大活用して成長してきたＫ‐１である。しかし一番重要なファイター発掘の部分、さらには海外開催する場合に足腰となる地元代理店、メディアの選定についても、実は古くからの友人・知人によって支えられている。世界規模での手作り情報網が、そこではしっかり機能している。

もしもK－1のテレビ放送で新しい選手を見る機会があったら、その背景やセコンドのメンバーにまで興味を持っていただきたい。そこには選手発掘の記録が映し出されている。それを知って試合を観ていただくことで、新たな視点も加わるかもしれない。

今こうしているうちにも、新たな候補選手が誕生しているかもしれない。世界のどこかで、若いファイターがインターネットから自分のプロフィールをK－1事務局あてにメール送信しているかもしれない。

■なぜ外国人は館長を信頼するのか？

石井館長はどちらかというと背が低いほうだ。ところが館長を見つけると、K－1ファイターは必ずといってよいほど駆け寄ってくる。

ホテルのロビーであろうが、記者会見場へ向かう廊下であろうが、立ち話をする風景によく出くわすことがある。190センチ以上もある選手が、身を縮めるようにして館長と握手をしながら挨拶を交わす姿は、微笑ましくもある。

長身の外国人ファイターが、日本流のお辞儀をしながら会話する風景は何とも不思議な光景である。同時に、好きな風景である。

外国人選手は、それぞれ、「カンチョー」と呼んだり、「マスターイシイ」と呼んだりする。ときには、立ち話がそのままレッスン会場になったりする。ときどき選手にパンチを出させて、カンチョーがそれに合わせてカウンターのパンチやキックを合わせたりしている。

またパンチを、いかにも空手風の動きで捌いてみせたりしている。そのときはK‐1プロデューサーと出場選手というよりは、空手道場の先生と門下生的な風を吹かせている。

ここで興味深いことは、確実に信頼関係があるということだ。どなたかの著書によると、『石井館長を師匠と思ったことはない』そうであるが、そのかわり何十人という外国人の門下生がいるのである。

単純にK‐1というビジネスを通じてお金を払うほうと貰うほうという関係ではなく、尊敬の気持ちが根底にある。

選手は、自分を輝かせてくれるステージを用意してくれた館長を尊敬している。館長は真剣勝負を通じて感動と夢を与えてくれる選手を尊敬している。このリスペクトに基づく関係があるからこそ、無理もいえるし、がんばれるのだと思う。それは顔を、目を見れば分かる。素人である私にも分かる。

そういえば、K‐1の試合の中には、審判の判定をめぐってトラブルになることがあった。ときには自分のマネージャーやセコンドの制止も効かないくらい自分を見失って、選手が異常な状態になることがある。

怒り出す者もいるし、大粒の涙を流して座り込む者もいる。そんなときに館長がリングにあがって選手を説得する場面に何度か遭遇した。

もちろん急なことでもあり、通訳が入っているわけではないが、館長の意思は通じているようだ。今までに収拾がつかなかったことはない。もちろんリングを降りてからも問題解決のための作業は続くが、少なくともその場は納まる。

選手は、皆それぞれ人生の悩みを抱えている。ある者は家族の悩みだったり、またある者は将来に向かっての不安だったりする。もっと直接的に経済的な悩みだったりする。その相談相手としての役割りをも果たしている。

とにかく忙しい時間の合間をぬってケアをする姿を、私は何度も見てきた。それゆえ一度はK‐1のリングを離れた選手もまたK‐1に戻ってくる。そして以前よりもすごいファイトを見せてくれる。

私の知人がたいへん不思議がっていたのは、この点だ。日本人は、本来外国人と付き合いが苦手である。ましてや外国人を使うことで大きなショービジネスを継続的に行うという事例は、おそらくこれまでにない。

考えてもみてほしい。外国人が出演するショービジネスの座長が日本人であり、その公演場所が海外主要都市なのである。こんなビジネスはこれまでになかった。

言葉は悪いが完全にコントロールできている、そのこと自体が不思議に映るのである。

以前、イギリスからK‐1に参戦したマット・スケルトンという選手がいた。ダメージを受けても倒れない。それでもがんがん前にいく。そういうファイトで会場を魅了した選手である。彼が話してくれた。

「カンチョーのおかげで、私は好きな格闘技を一日中できるようになった。プロとしてやっていけるようになった。だから長時間の練習など苦労とは思わない」

「考えても見てほしい。私はもうレストランでの皿洗いのアルバイトをしなくてもよいのだ」

私はこの言葉の中に、リスペクトの理由が込められていると思う。

ビジネスの上に構築された信頼関係は、トラブルに際して崩壊することがある。しかし信頼関係の上に構築されたビジネスは、トラブルにあたるほど、協力関係に基づく底力が出る。

K－1はビジネスだ。当然、主催者側と選手側の間には生々しい、別の意味での戦いがある。それをすべてリスペクトという言葉で美化するつもりなどまったくない。1ドルのお金を巡って激論になることもあるだろうし、K－1出場自体が飛んでしまうような、きわどいやりとりだってないとはいえない。しかしそれらはあくまでも、

「最後は選手のためにステージを用意してくれる」

「最後まで、面倒をみてくれる」

という信頼関係にもとづく、ビジネス上のヒートアップであるにすぎない。

それがいいか悪いかは別としても、やっぱりK－1は、石井館長個人がリードしてこそ、最大性能を発揮するようなシステムができあがっている。

外国人選手が、館長の指示や提案に従うことは、そういう意味で何の不思議もないことである。

■日本人選手はなぜ勝てない？

03年のK‐1GP決勝戦では、武蔵が準優勝を果たした。それでも試合内容などについて課題を提起する意見はあるようだが、ひとつの歴史に名前を刻んだ事実は評価できる。すばらしい実績だと思う。

しかしそこに至るまでの間、日本人ファイターのK‐1における戦績、試合内容に限っていえば、必ずしも満足のいくものではなかった。これは私に限らずメディアを通じても再三いわれてきたことである。

「日本人は、なぜ勝てない」

最初に出る理由として体力的な差である。日本人は体格の点で不利であるという内容のものだ。しかし最近の試合をよく見ていただきたい。日本人選手の体格は、外国のトップファイターに比較して、決して見劣りするレベルにはない。近年日本人選手の体格は進化した。トレーニングの成果という面もあるが、一方で基礎体力や体格に恵まれたスポーツ選手がK‐1への参戦を果たすようになってきたという側面もある。

K‐1がプロスポーツとしての生産性を実現したことで、運動能力に恵まれたアスリートがK‐1への参加を果たしてきた。夢のような話である。これはヘビー級に限ったことでなく、中量級においても同じ傾向にある。運動能力、素質ということでいえば、日本人選手は決してハンディを持っているとはいえない。

では、なぜ勝てないのか。

これについての回答はただひとつ、『ハングリー精神の差』につきる。

外国人選手の場合は、Ｋ‐１の試合、今日の試合で勝利してファイトマネーを手にする、さらにすごい試合を見せることでＫ‐１ファンに対して「この選手の試合を、もう一度見たい」と思わせなければならないのだ。

それによってこそ、次にまた試合をさせてもらうチャンスを得ることができる。さらに実績を残せば1年間の契約を結ぶことで複数試合を確保できる。そうなれば生活設計も変わってくる。またＣＭの仕事やＫ‐１グッズによる副収入を得ることができるようになるかもしれない。アルバイトをしなくても、格闘技だけで生活できるかもしれない。

逆にいうと、今日の試合でファンの心を魅了できなければ、昔の生活に戻るだけである。だから苦しくても倒れない。判定では心配だから、前に出ることで相手をノックアウトしにいく。勢い試合は激しいものになり、ファンの心を捉える。そしてぎりぎりのところで勝利していくのである。生活がかかっているのだ。

ましてや今や格闘技界のスターとなってしまったミルコ・クロコップに至っては、クロアチアで内戦という名の戦争に巻き込まれていた。生活がかかっている以前に、命がかかっていたのだ。そんな選手に対する日本人選手はどうだろうか。

給与的なお金をもらっている選手もいる。実力以上の外部評価に勘違いして、表面的な格好よさだけを追うものもいる。Ｋ‐１ジャパンのマーケティングを目的としたテレビの活用を、自分の能力であると勘違いした選手もいないわけではない。

このような状況に対して、角田さんが何度も苦言を呈したことがあるが、真剣に受け止めた選手のなんと少ないことか。

生活がかかった選手に、勝とうが負けようが明日の生活に変化のない選手が挑戦するのだ。結果は見えている。明らかに実力が違うならまだしも、接戦になってしまったら最後の最後で頭ひとつ前に出るのは背水の陣で生きてきた人間になる。

これは当然の結果である。ましてや命をかけてK‐1に参戦してきた選手が相手であれば、その結果は明らかだ。

幸いにも中量級では日本人選手がファンの心に響く試合をして勝利するようになってきた。これは嬉しいことである。同じ流れをぜひ無差別級であるワールドGPでも見せてほしいものだ。心から望んでいる。

■グッズが売れると選手には？

K‐1会場に行くと、いろいろな種類のK‐1関連商品が販売されている。いわゆるK‐1グッズである。K‐1のロゴをあしらったものもあるし、選手の肖像を活用したグッズもある。K‐1ファンは会場に着くと、ごひいきの選手のタオルやTシャツを買い込む。さっそく着替えて、それを着て選手を応援する。

これは先日のサッカー・ワールドカップにおいて、日本中が青いウェアで染まったのと同じことだ。また、サッカーのJ1を観戦にいくと、やはり選手の背番号の入ったユニフォーム・レプリカを着たファンが、スタンドで声を枯らして応援している。

K－1グッズについての素朴な疑問がときどき寄せられる。その内容は、グッズが売れた場合に選手にも副収入が入るのかということだ。答えはもちろんYESである。グッズの商品化の方法、アイテムにより、その計算方法や契約内容は細かく定められている。

その規定に基づき副収入は細かく計算され税務処理がなされた後、選手あるいはマネージメント会社へ支払われる。

プロ野球やJリーグと異なり、試合の対価と周辺グッズの対価を包括的に盛り込んだ、いわゆる総合契約みたいなものは、私が手伝っていた時点では完成していなかったので、個別に対応していた。そのような課題はあったにしても、選手別に周辺権利ビジネスによるリターンについて細かく分けて契約するようになっていた。

したがって有名選手、人気選手になればなるほど、新たな収入の道が増えてくる。これは自動車レースのドライバーと同じ。レーシングスーツに多くのスポンサーロゴが付いている選手は、一般的に実力派の有名選手である。細かなものは数百円の携帯ストラップから数万円の商品まで、その幅は広い。

周辺権利ものの収入になったので、ちょうど良いから、少し収益構造についての質問に答えておく。K－1に限らず、テレビでオンエアされる規模のショービジネスの場合はいろいろな収入品目があり、それの組み合わせによってビジネスは構築されている。

ざっと考えただけで、チケット販売に代表される興行収入、協賛金、テレビの放映権料、ビデオ化権料、出版権料、関連グッズによるロイヤリティ収入、最近では衛星放送による放映権料などが考えられる。このうちのどのレベルを標準と考えるかによって、経営方針は決まってくる。

たとえばヘビー級ボクシングの場合。話題のマイク・タイソンに代表されるように、そのファイトマネーは数十億円単位である。この時点で、興行収入によって成り立っているわけではないことは明らかだ。通常大きなホテルのボールルームで試合が行われる。どうやっても観客の数は2万人くらいのものだ。1人平均1万円のチケットを売ったとしても、その売上金額は2億円にしかすぎない。

ご承知のように、試合の模様は世界へ向けてテレビ中継される。特に米国の場合はペイ・パー・ビューと呼ばれる有料放送を通じて、試合がオンエアされる。この売上が巨大なのである。したがってすべての演出、進行は、この有料放送に合わせて企画・制作されている。放送のほうで別編集による特別映像を流している場合、あるいはCMをオンエアしている場合、さらには会場内の控え室でインタビューが行われて、それが生放送されている場合などは極端である。試合会場はそのまま放置されることになる。

会場を埋めたファンは雑談しながら、いつ再開するとも分からない試合を待つことになる。

K-1の場合はどうしたか。今はどうか知らない。しかし少なくとも私がお手伝いしていたときまでは、『興行収入で運営できるように経営する』ことを基本としていた。

つまりチケット販売と会場でのパンフレットなどのグッズ売上げで経営するということだ。言葉を換えると、放映権料とかスポンサーによる協賛金が仮にゼロになっても、経営できるようにしようということである。

そんなことはまずないと思われるのであろうが、万一テレビのオンエアがなくなるかもしれない、またスポンサーが1社もつかないかもしれない、そんなときは自分たちでチケットを売ることで、K‐1というイベントを継続して開催できるようにしておこう、そのための実力を付けておくことが狙いとしてあった。

前にも書いたが、最低でも年に一度は自主興行を行いたいという方針があった。それらはすべて、独立したコンテンツメーカーとしての立場を守るための経営戦略である。一見回り道、ムダな道と思われるかもしれない。しかし自分たちがファンの方々に観てもらいたいと考えるソフトを、独立して提供していくためには必要なムダであると考えている。

テレビの放映権料、スポンサーからの協賛金、ビデオ化権の販売収入などは、すべてボーナスと考えることで経営にあたる。そしてこれらの収入がある間は、それを再投資することでK‐1の品質をますます向上させていく。それによってファンの満足度は上がるはずだし、ファイターへもよりよい待遇を与えることができる。

■入場曲は……？

実際にK‐1会場へ足を運んでの楽しみ方のひとつに、選手の入場曲のことがある。リングアナウンサーが選手の入場を告げる。会場を埋めた大観衆の歓声が沸きあがったときに、大音響で選手それぞれの入場曲が鳴り響く。これでムードは一気にバトルモードに突入するのである。私の記憶が正しければ、空手の選手が入場曲をバックにして登場するという演出は、石井館長によって初めて実行されたらしい。

この入場曲、まさにさまざまなパターンがある。誰もが知っているメジャーな曲もあれば、ニッチな曲もある。さらには選手名を歌詞に入れ込んだオリジナル曲も存在する。

この曲は選手のイメージを決定付けるものだけに、選手サイドも相当に神経を使っている。もちろんその緊張は運営サイドにも等しくあてはまる。

K - 1事務局には、それはそれは、いろんな問合せが毎日寄せられている。たぶんチケット販売やスケジュールに関するファンからの質問が大多数だと思う。それに続いてメディアからの取材依頼などが続く。そんな中でファンからの問合せ事項として意外に多いのが『選手の入場曲』に関する質問である。

「昨日のK - 1会場で聴いたのですが、曲名とアーティスト名を教えてください」

「どこにいけば、CDを買えますか?」

という種類の質問である。

これは意外に大変な作業を必要とする。というのは曲の中には出所不明みたいなものも含まれていた時代がある。選手が好きでよく知っているから、ぜひ入場曲で使いたい。

そこまでは良い。そこで選手が持参する音源、これが自分用にダビングしたカセットテープだったりする。

そもそも本人はアーティスト名や曲名を知らないでテープのみを持っているのだから、これでは探しようがない。そのような場合は『入場曲名不明』ということになる。あまりの問い合わせの多さにより、Ｋ‐１オフィシャルウエブサイトにも入場曲一覧というページを作ることになった。これも管理が大変だった。

これでは困ることが出てくる。テレビ放送の場合やビデオ化の場合である。

ご承知のように楽曲には著作権や著作隣接権というものがあり、作者やアーティストの権利が守られている。曲が演奏された実績により楽曲使用料という形で、たとえばこの場合は大会主催者またはテレビ局が権利者へ代金を支払うのである。さて不明の作者・演奏者へはどうやって支払いを行うのだろうか。

答えは簡単。不可能である。つまり支払いたくても支払えない。これはすなわちテレビ放送の中では、この曲を流すことができないということになる。

つまり選手入場シーンでは、選手自慢の入場曲をオンエアできないことになる。もしも初期のＫ‐１を収録したビデオなどを観る機会があったらぜひ注意して見ていただきたい。選手入場シーン、青や赤の光で演出されている場面では、ナレーションが入っていたり、そのようなシーンのために共通に用意された曲が流れていたりする。一度でも会場に足を運んだことのある方であれば、その違いに気づかれると思う。

もっとも最近では選手が入場曲を選定する時点で、ある程度のガイドラインを示し、お願いしていることもあり、『身元のしっかりした曲』が採用されるようになった。これによってようやくテレビ放映でも、入場シーンの映像と音声をそのままオンエアすることが可能となったし、ビデオでも同様のことが実現できた。

なにげないことのようだが、そこは権利ビジネスの集合体としてのK-1である。日本国内に限らず世界のルールを調査しなければならない一面をあらわす代表的な事例が『選手の入場曲』に関する、あれこれなのである。

そのような時代背景を思い出してみると、現在の状況は夢のような変化だと実感する。選手の入場曲を携帯電話の着メロ・着ウタサイトからダウンロードできる時代になった。便利な時代になったと思う。

入場曲といえば、こんなこともあった。

ピーター・アーツが圧倒的な強さを誇っていたころ、フランス映画の『タクシー』の挿入歌を入場曲として使っていた。そしてGPで2連覇を果たした。さらにその後も、マイク・ベルナルドとの死闘によるKO負けはあったにしても、常に王者の風格を漂わせていた。

その後、ピーター・アーツといえば、あのエレキギター音というイメージができあがっていた。

その後、ピーター・アーツは入場曲を変更した。偶然とは思うのだが、なぜか勝てなくなった。

当時私がよくお世話になっていた料理店のマスターが、こんなことをいっていた。

「今の曲はダメだな。前のほうが強そうに感じる。あれなら勝つなーって感じるもんね」

同じ意見は、いろいろなところから聞こえていた。私が親しくしてもらっていたK-1事務局のスタッフもそう感じていた。

私も調子に乗って、

「今度、ピーター・アーツが日本に来たらアドバイスしておいてよ。前の曲に戻せって」

などと話していた。

さて98年のK‐1シリーズ。ピーター・アーツの入場シーンに、あの懐かしいエレキギターサウンドが会場に響き渡ったのである。ファンの声援はいきなりピークに達した。ファンの顔を見てみると、心なしか嬉しそうにしている。隣同士のカップルがなにやら大声で話している。強いピーター・アーツが、懐かしい入場曲とともに帰ってきた。

その年の年末、K‐1GP決勝戦、私たちはこの曲を3度聴くことになる。全試合1ラウンドKOによる完全優勝。曲といっしょに王者ピーター・アーツが復活した。

その数日後、料理店のカウンターに座った私は、なぜピーター・アーツが復活したかというマスターの演説を延々1時間聞かされることになる。

第七章
タイムシリーズに見たK - 1

■私が見たK-1の歴史

ここまで、エピソードを紹介するという形をとりながら、ビジネスとしてのK-1について私が感じていたことを紹介させていただいた。マーケティングという言葉を持ちだすまでもなく、この不況の時代で成功した貴重なニュービジネスであると考えている。

もちろん、いくつか成功の理由はあるが、あえてひとつだけに決めろといわれれば、『自然に身についていたマーケット・インの考え方』に結論付けることができると思う。もちろん、最近の日本企業で流行しているように、『顧客第一主義』とか『カスタマー・サティスファクション』などと言い換えても良いと思うが、後者は、イメージとしては客観的に顧客を眺めているように感じられる。それとは少し違うような感覚を持っていた。

石井館長が実践してきたそれは、顧客であるK-1ファンと同じ目線から、ソフト作りを行っていたように思う。ファンの中にどっぷりと浸かっていて、ファン同士が話す会話の中からヒントを得ていたように感じる。その点ではやはり『マーケット・イン』という言葉のほうが似合っているように思う。

私は、プロレス・格闘技関係の雑誌も読まないし、スポーツ新聞もほとんど読まない。したがって、最近のK-1に関するファンの見方がどのようになっているかについて、あまり情報を持っていない。

ただ、テレビなどでK-1を見る限りにおいて、ちょっとエンターテイメント色が強くなってきたように感じる。この本でも書いたように、K‐1ファンのすそ野を広げるために、あえてエンタメ色を戦略的に入れてきたという背景がある。そして、それによる顧客ベースの拡大という実績により、十分な効果をあげた。規模の拡大はK‐1のソフトとしてのグレードアップという形となり、ファイターやファンへの還元を果たしてきた。

しかし最近の傾向については私は、迷いを感じている。正確には、

「K‐1は、どこへ向かっているのだろうか」

という迷いを感じている。

現在の経営戦略がどのようになっているかについて知る由もないし、知る必要もない。おそらくK‐1の原点は変わっていないとは思うのだが、見え方が、それを歪曲させているように思えてしかたがない。

私は『K‐1は立ち技最強を決めるリアルファイト』であると定義していた。戦っているファイターは今も常に真剣勝負である。それはテレビの画面からも伝わってくる。しかし行き過ぎたエンターテイメント性は、すべてを疑わしくする危険性がある。

以前のような、次のストーリーを想像させてくれるような、わくわくするようなマッチメイクが少なくなったような気がする。別の言い方をすれば、連続性のない単発的な対戦カードが多くなったような気がする。

もちろん、03年大晦日の曙vsボブサップ戦のような明確な目的があるものはかまわないと思うが、K‐1が本来持っていたようなドラマが浮かび上がってこない。ましてや記者会見での乱闘

などについては疑問以外感じない。私は、ハラハラ、ドキドキするような張り詰めた空気を味わいたいと考えている。

もしかしたら古い考えなのかもしれない。私の中でのK‐1は、まさに緊張の時そのものだった。

ここまで思いつくままにエピソードを紹介したが、ここでは私がかかわった期間について時系列でその歴史を振り返ってみたい。私自身の知識の整理のために、K‐1誕生前の歴史についてもイントロとして紹介することにした。

しかし、じっくりその味をかみしめたいのは、80％以上の時間をつぎ込むことで、自分がK‐1にかかわった94年から99年までの5年間である。まさに激動していたことが分かる。

今回の出版にあたり、K‐1の歴史についてはK‐1ファンサイトとして有名な『K‐1を見に行こう！』の主宰者の協力を得ることができた。

ここでは当該ウェブサイトの『ヒストリーコーナー』の文書を、WEB主催者のご好意によって、引用させていただいた。

『K‐1を見に行こう！http://www.urban.ne.jp/home/geh02166/（現在掲示板のみ稼働中）』

■94年以前の歴史
87年まで
正道会館発足～常勝軍団・正道～

80年6月、石井和義は所属していた極真会館芦原道場を退館。自流派『新日本空手道連盟正道館』を発足。同年（翌年？）には西日本大会、82年には全日本大会を開催。マンガ（少年マガジン）やテレビで広告を打つという当時としては画期的な宣伝方法の効果もあり、会場はいずれも超満員。メディアをうまく利用するという点は今のK‐1にも確実に生かされている。

初期の大会では極真全日本大会準優勝の実績を持つ中村猛夫が圧倒的な力で優勝を重ねていったが、第3回大会では川地雅樹が優勝。4、5回3連覇という偉業を達成する。

川地が優勝した第3回には佐竹雅昭が初登場し、4位入賞。第4、第5回大会では決勝で厚い壁である川地に屈したが、第6回大会決勝で念願の川地越え。見事初優勝を果たし『正道のエース』の座を獲得した。

佐竹は第7、8回大会も優勝し、川地と同じく3連覇を達成している。

自流派の大会で力を蓄えた正道会館は、86年には満を持して他流派へ打って出る。

まずは白蓮会館の大会で松本栄治が優勝。翌87年には同大会で柳沢聡行が優勝し、後に『常勝軍団』とまでいわれるような礎を築いていった。

1969年	
1月	石井和義、極真会館四国支部芦原道場に入門
1975年	
6月	石井和義、極真会館芦原道場大阪支部を設立し関西地区総責任者となる。
1980年	
6月	石井和義が極真会館芦原道場を退館。『新日本空手道連盟正道館』旗揚げ。
8月	西日本学生選手権大会開催
12月	正道会館・西日本大会開催。優勝は中山猛夫。
1981年	
11月	大阪市北区に正道会館総本部設立。（このころ正道館→正道会館に改名？）
1982年	
10月10日	大阪府立体育館にて『第1回ノックダウンオープントーナメント全日本空手道選手権大会』開催。優勝は中山猛夫。
1983年	
8月4日	『第2回ノックダウンオープントーナメント全日本空手道選手権大会』開催。中山猛夫が2連覇達成。
1984年	
10月14日	『第3回ノックダウンオープントーナメント全日本空手道選手権大会』開催。優勝は川地雅樹。佐竹雅昭が4位入賞。
1985年	
4月	アメリカ・アイオワ州にUSA支部を設立。
9月	札幌中島体育センターにて『第1回オープントーナメント

	北海道空手道選手権大会』を開催。
12月8日	『第4回ノックダウンオープントーナメント全日本空手道選手権大会』開催。川地雅樹が2年連続で優勝。佐竹雅昭が準優勝。
1986年	
8月	佐賀市民体育館にて『第1回オープントーナメント全九州空手道選手権大会』開催。
11月	白蓮会館主催『第2回白蓮会館全日本空手拳法選手権大会』重量級で松本栄治が優勝。
12月14日	『第5回ノックダウンオープントーナメント全日本空手道選手権大会』開催。川地雅樹が3連覇達成。佐竹雅昭は2年連続で準優勝。
1987年	
9月6日	『第6回ノックダウンオープントーナメント全日本空手道選手権大会』開催。佐竹雅昭が初優勝。
11月	『第3回白蓮会館全日本空手拳法選手権大会』重量級で柳沢聡行が優勝。
11月6～8日	極真会館主催『第4回オープントーナメント全世界空手道選手権大会』でアンディ・フグが準優勝（優勝は松井章圭）。マイケル・トンプソンが4位入賞

88～91年
プロへの道～全日本キック、リングスへ参戦～

86年から始まった他流派への挑戦は続き、白蓮、士道館、佐藤塾など、諸流派の大会の数々のタイトルを手中に、正道会館の名は空手各流派に大きく知られることとなった。

『常勝軍団』の名を決定付けたのは、88年4月に行われた『カラテリアルチャンピオン決定トーナメント』だった。フルコンタクト空手六流派から16名を集めて行われたトーナメントの決勝に進出したのは、佐竹雅昭と柳沢聡之。当時の正道会館のナンバー1、ナンバー2の2人だった。戦前は有利と思われていた佐竹だったが、後輩の柳沢にここで思わぬ不覚を取る。再延長の末、柳沢に膝蹴りでポイントを取られ判定負け。

このとき佐竹が優勝して読むはずだった前田日明への挑戦状を、何も知らないまま柳沢が読んでしまったという微笑ましい？　エピソードもある。

敗れた佐竹雅昭は、決まっていた就職を取りやめ、空手一本の生活に入ることに。柳沢へは5ヶ月後の正道全日本大会の決勝で見事雪辱を果たした。

他流派での成績に自信をつけた正道会館は90年にはフルコンタクト空手の頂点、極真会館のウエイト制大会へ挑戦。重量級で角田信朗が見事ベスト4に輝いた。

92年まで続いたこの挑戦での最高位はこの角田のベスト4だったが、正道会館の実力をアピールするには十分だった。このあと、極真会館は正道会館に『絶縁』宣言。正道会館勢が再び極真の大会に出場するには、それから5年の歳月が必要だった。

自流派の大会では88年からリング、さらには再延長時のグローブ着用ルールを導入。当時シュートボクシングの選手だった平直行やカーマンやチャンプアをKOしたこともある元極真キックボクサーのピーター・スミット、喧嘩屋ジェラルド・ゴルドーなど他流派からの強豪も続々参戦。正道会館勢では、後川、金、田上、ワットなど、後にK－1でも活躍する選手達が、好成績をあげた。

91年6月には、空手界初の試みである流派対抗戦『USA大山空手vs正道空手　5対5マッチ』を開催。この大会では、伝説の熊殺しウィリー・ウィリアムスが参戦し、メインで佐竹雅昭と対戦。佐竹はウィリーをダウン寸前にまで追い込み、殊勲の勝利を上げる。代々木第2体育館での5対5マッチ、のちのK－1、K－1ジャパンの原点がこの大会だったと言えるだろう。

フルコンタクト空手の他流派の挑戦と共に、90年代からはプロのリングへも参戦を開始。90年6月30日、全日本キックボクシング連盟の大会で、佐竹雅昭がキックボクサー　ドン・中矢・ニールセンと対戦。もちろん佐竹、そして正道会館としてはプロのリングは初挑戦。圧倒的不利という予想の中、頭突きとも思えるバッティングまで使った（？）佐竹は1ラウンドKOでニールセンを破り、一躍格闘技界の表舞台に躍り出る。

正道会館の挑戦は『打撃』の枠だけにとどまらず、総合の世界へも拡がった。91年には前田日明率いるリングスと提携し、同年12月には、佐竹、角田の両名がリングス有明大会でデビュー。結果は両者引き分けだったものの、正道会館の名は空手の枠を飛び出していった。

1988年	
4月2日	両国国技館で開催された『梶原一騎追悼大会・格闘技の祭典』で行われた『88 カラテリアルチャンピオン決定トーナメント』で柳沢聡行が優勝、佐竹雅昭が準優勝。
9月16日	『第7回ノックダウンオープントーナメント全日本空手道選手権大会』開催。佐竹雅昭2連覇。（準優勝：柳沢聡行）この大会から試合にリングを使用、さらに再延長時にはグローブをはめての顔面攻撃有りのルールを導入する。
10月29日	士道館主催『第8回ストロングオープントーナメント全日本空手道選手権大会』重量級で佐竹雅昭優勝。
11月20日	オランダでアーネスト・ホーストとピーター・アーツが対戦し、ホーストが勝利をおさめる。
1989年	
4月22日	佐藤塾主催『第4回POINT&KO 全日本空手道選手権大会』で柳沢聡行が優勝。
7月2日	後楽園ホールで開催された『格闘技の祭典』で行われた『カラテリアルチャンピオン決定トーナメント』で佐竹雅昭が優勝。
10月1日	『第8回ノックダウンオープントーナメント全日本空手道選手権大会』開催。佐竹雅昭が3連覇達成。（準優勝：田上敬久）
10月29日	士道館主催『第9回ストロングオープントーナメント全日本空手道選手権大会』重量級で玉城厚志が優勝。
10月	オランダ・アムステルダムでアーネスト・ホーストとブランコ・シカティックが対戦。ホーストが4R反則勝ち。
1990年	
4月22日	佐藤塾主催『第5回POINT&KO 全日本空手道選手権大会』で玉城厚志が優勝。
6月2～3日	極真会館主催『第7回全日本ウェイト制大会』重量級で角田信朗がベスト4に進出。

6月30日	日本武道館で開催された全日本キック連盟主催『INSPIRING WARS HEAT』で佐竹雅昭がドン・中矢・ニールセン相手にグローブデビュー。1RKO勝ちを収める。
9月30日	『第9回ノックダウンオープントーナメント全日本空手道選手権大会』開催。後川聡之が初優勝。(準優勝：田上敬久)
1991年	
6月4日	代々木第2体育館にて『USA大山空手vs正道空手5対5マッチ～LAST CHANCE』開催。メインで佐竹雅昭がウィリー・ウィリアムスを判定で下す。(大会自体は2:0で正道空手の勝利)
6月22～23日	極真会館主催『第8回全日本ウェイト制大会』軽量級で田前純三がベスト8進出。
9月14日	リングス札幌大会『神威』に石井和義館長と佐竹雅昭が表敬訪問。リングスとの業務提携が開始。
10月10日	全日本大会第10回を記念して名称を『カラテワールドカップ 91』とする。優勝は2年連続で後川聡之。(準優勝アダム・ワット)
11月2～4日	極真会館主催『第5回オープントーナメント全世界空手道選手権大会』でジャン・リビエールが4位入賞。また同大会4回戦においてフランシスコ・フィリォがアンディ・フグに1本勝ち。(フィリォ自身はベスト16で敢闘賞受賞)
12月7日	リングス有明大会『炎上』で佐竹雅昭と角田信朗がデビュー。佐竹はハンス・ナイマン、角田はヘルマン・レンティングと戦いそれぞれ引き分け。

92年
リングスでの活躍～K－1への胎動～

92年はリングスを中心に動いていった。

佐竹、角田のほか、アダム・ワットも参戦。リングス以外の大会も含めると月に1試合以上のペースで試合をする中、角田はイマイチ結果を残せなかったが、佐竹は負けなしの快進撃。10月にはリングス『メガバトルトーナメント』が開始。勝ち上がって決勝まで行けば、佐竹、そしてファンの念願ともいえる前田日明との対戦が待っている。

そんな佐竹が1回戦で闘ったのは長井満也。この試合で佐竹は掌底1発でKO勝ち。しかし長井サイドから「拳で殴ったのではないか」（リングスでは拳による顔面殴打は禁止、掌底による打撃は有効）というクレームが付き、判定は二転三転。結局は佐竹のKO勝ちということで納まったが、後味の悪い結末となった。

さらに佐竹は右胸骨のケガで2回戦以降を欠場。これ以後佐竹がリングスのリングに上がることはなく、対前田日明戦は夢と消えた。

なおリングスではこの年にピーター・アーツが初来日で参戦、キックルールでアダム・ワットを肘打ちでKOしている。（余談だが、このころのアーツの得意技は『肘打ち』となっている。今のK－1では見られないから、ちょっと残念）

自流派では、様々なジャンルから選手を集め、ルールも多種に渡った実験的大会『格闘技オリンピック』を開催。第1回では佐竹雅昭がモーリス・スミスと空手とキックのミックスルール

（キックと空手が1ラウンドごとに入れ替わる）で対戦。判定なしというルールだったので結果は引き分けだったが、3ラウンドには佐竹が格闘技人生初めてのダウンを奪われるなど終始劣勢だった。

第2回大会では、極真世界大会準優勝の実績を引っ提げ、『鉄人』アンディ・フグが正道会館初登場。空手ルールで柳沢聡之と対戦したアンディは、いきなり『かかと落とし』で会場中の度肝を抜く。

恐ろしく速い上段後ろ回し蹴り、実は極真時代から使用していたフグ・トルネード、変則的な右上段回し蹴り。序盤に流血した柳沢は判定に持ち込むのが精一杯であった。この大会では金泰泳がマンソン・ギブソンから日本初のダウンを奪い勝利する快挙もあった。

10月に行われた『空手ワールドカップ92』は後のことを考えると感慨深い大会である。トーナメント決勝ではアンディ・フグが金泰泳を延長の末下して優勝。極真時代には成しえなかった世界大会での優勝を遂げた。

グローブルールのスペシャルワンマッチで、初来日のスタン・ザ・マンがアダム・ワットと対戦。さらに正道会館初登場のピーター・アーツが佐竹雅昭と対戦。アーツ有利の展開ではあったが、佐竹がなんとかしのぎきりドローにまで持ち込む大健闘を見せた。

そしてこの大会で石井和義が『10万ドル争奪世界最強決定トーナメント』を93年に行うと発表。のちにK‐1と名付けられた大会が、ここで初めて産声をあげた。

1992年	
1月12日	東京武道館で行われた『第1回トーワ杯争奪カラテジャパンオープン』で佐竹雅昭が優勝。
1月25日	リングス東京ベイＮＫホール大会『回天』で角田信朗vsロブ・カーマン（角田レフリーストップ負け）、佐竹雅昭vsジェラルド・ゴルドー（佐竹反則勝ち）
3月	東京・新宿区上落合に『正道会館東京本部道場』を設立。
3月5日	リングス尼崎大会『息吹』でアダム・ワットがリングスデビュー。ハンス・ナイマンと対戦し引き分け。同大会で角田信朗vsイォルド（角田レフリーストップ勝ち）、佐竹雅昭vsフレッド・オーストロン（佐竹ＫＯ勝ち）。
3月26日	東京体育館にて『格闘技オリンピックⅠ』開催。メインでモーリス・スミスと佐竹雅昭が対戦し引き分け。
4月3日	リングス広島大会『雷』で佐竹雅昭vsヘルマン・レンティング（佐竹ＫＯ勝ち）。
4月9日	フランス・パリでピーター・アーツがモーリス・スミスを判定で下し、スミスの8年間に渡る無敗神話がストップ。
5月14日	リングス有明大会『光臨』でピーター・アーツが初来日。アダム・ワットとスペシャルキックルールで対戦（アーツ2RKO勝ち）。同大会で佐竹雅昭vsコップスJr。（佐竹KO勝ち）
6月25日	リングス宮城大会『獅子吼』で角田信朗vs長井満也（角田判定負け）、佐竹雅昭vsウィリー・ピータース（引き分け）。
7月16日	リングス大阪大会『颯』で角田信朗vs武南幸宏（角田KO勝ち）、佐竹雅昭vsピーター・ウラ（グローブマッチ：佐竹KO勝ち）
7月30日	代々木第2体育館で『格闘技オリンピックⅡ』開催。アンディ・フグが正道会館初参戦し柳沢聡行と対戦（フグ判定勝ち）。メインでは佐竹雅昭がアマッド・モハメッドと対戦、佐竹1RKO勝ち。
8月21日	リングス横浜アリーナ大会『礎』で佐竹雅昭vsロブ・カ

	ーマンのグローブマッチ（引き分け）。
10月4日	大阪府立体育館で『格闘技オリンピックⅢ～カラテワールドカップ 92』開催。アンディ・フグが優勝（準優勝：金泰泳）。同大会において佐竹雅昭がピーター・アーツと対戦し引き分け。またこの大会の開会式で1993年5月3日（後に4月30日に変更）に10万ドル争奪世界最強決定トーナメント（後に『K-1 GP 93』と名付けられる）を行うと発表。
10月29日	リングス名古屋大会『メガバトルトーナメント 92（1回戦）』で角田信朗vsディック・フライ（角田KO負け）、佐竹雅昭vs長井満也（佐竹KO勝ち）。しかし佐竹は右胸骨のケガにより2回戦以降を欠場。佐竹のリングスでのラストマッチとなる。
11月13日	リングス大阪大会『メガバトルトーナメント 92（2回戦）』のワンマッチで角田信朗vsヘルマン・レンティング（角田ギブアップ負け）。
11月	アメリカ？でアーネスト・ホーストとリック・ルーファスが対戦しルーファスが判定勝ち。
12月11日	東京武道体育館で行われた『格闘技シンポジウム～総合格闘技開催前夜祭PART 1』でアダム・ワットとロブ・カーマンが対戦。カーマンが2RKO勝ち。
12月19日	リングス有明大会『メガバトルトーナメント 92（準決勝）』のワンマッチで角田信朗vs山本宣久（角田TKO勝ち）。

93年

K－1始動！～波乱のトーナメント～

3月にK－1前哨戦である『聖戦』を大盛況のうちに終え、4月30日。打撃格闘技最強を一夜で決めるという夢のようなトーナメント『K－1 GP93』が開催される。

アーツ、佐竹、モーリス、チャンプアなど名だたる打撃系ファイター8名の中から決勝に進出したのは、当時日本ではまったく無名。出場選手の中でも最後に決定した2人。ブランコ・シカティックとアーネスト・ホーストだった。

シカティックはチャンプアを1ラウンド、佐竹を2ラウンドKOで下し決勝へ。一方のホーストは優勝候補の大本命だったアーツを判定で、アーツに負けるまでは8年間の不敗神話を築いていたモーリスを衝撃的な失神KOで下しての堂々の決勝進出。

両者打ち合いとなったこの試合、テクニックとスピードでホーストがやや有利な展開だった。しかしシカティック渾身のカウンターがホーストのテンプルを捉えると、ホーストは白目を剥いてダウン。

シカティックが、初代『立ち技最強』の座についた。

6月にプロデビュー戦の相手であった、ドン・中矢・ニールセンを返り討ちにした佐竹は、9月には『K－1 イリュージョン』でGPを負傷欠場したスタン・ザ・マンと対戦。スタンはシカティックにも勝ったことがあり佐竹の苦戦が予想された。しかし当時平仲明信トレーナーの元でボクシングテクニックを向上させていた佐竹がローやパンチでスタンを圧倒し、判定勝利。

試合後には、かかっていたＷＫＡのベルトを「ＷＫＡルールではないから」という理由で獲得できないというケチはついたものの、この試合は今でも『佐竹のベストバウト』と押す声も多い名勝負だった。

10月、この年から『カラテワールドカップ』と改名された正道の空手大会。この大会を最後に空手ルールは卒業すると表明していた佐竹と、この後グローブマッチに挑戦することを示唆していたアンディは、決勝のリングで初めて会いまみえる。

本戦でアンディが放ったかかと落としで佐竹が倒れたかに見えたが、これは技ありを取られず。その後ややアンディ有利の展開であったが決め手に欠け再延長戦。アンディが初めてグローブ姿を世に公開した。

グローブ戦になれば佐竹有利かとも思われていたが、アンディは見事な順応性を見せ、佐竹と互角以上の戦い。しかしここでも両者に旗は上がらず、決着は試し割りへ。結果、佐竹は９枚、アンディは８枚。１枚差で敗れたアンディの目には大粒の涙が光っていた。

11月にはアンディ初のグローブマッチが行われる。

『アンディ・グローブ』と名付けられたその大会でアンディの相手を務めたのは、アンディにかかと落とし１発で１本負けを喫していた村上竜司だった。グローブの経験では自分の方が上と復讐に燃える村上だったが、アンディのパワーの前に歯が立たない。パンチで鼻骨骨折までさせられ、1ラウンドKO負け。アンディはグローブマッチ初戦を見事KOで飾り、来年のGPへ照準を向ける。

12月には、軽重量級世界ナンバーワンを決めるトーナメント『K-2 GP93』を開催。1回戦で、断トツの優勝候補だったアーネスト・ホーストがマンソン・ギブソンからダウンを奪われヒヤリとする場面もあるも、延長で競り勝った後は順当に決勝へ勝ち上がる。

もう一方のブロックからはロブ・カーマン、タシス・トスカ・ペトリディス（トスカ・ザ・キング・オブ・スティング）を下してチャンプア・ゲッソンリットが決勝へ。

決勝は壮絶なものだった。何度ハイキックを食らっても、体をブルブルと震わせ自らの闘志を高めて前へ出ていくチャンプア。しかし4ラウンドのホーストの右ハイキックが完全に入ると、チャンプアは失神KO。

観客は優勝したホーストではなく、倒れたチャンプアへ歓声を浴びせ、チャンプアは載せられたタンカ上でゆっくりと腕を上げ、その声援に応えた。選手の実力、大会内容とも素晴らしいK-2だったが、この後行われていないのは残念である。

1993年	
1月30日	オーストラリア・ゴールドコーストで『SEIDO-KAIKAN SOUTH PACIFIC CHAMPIONSHIP』開催。スピリット空手（プロ部門）のトーナメントで正道会館に初参戦したサム・グレコが優勝。
1月31日	東京武道館で行われた『第2回トーワ杯争奪カラテジャパンオープン』で佐竹雅昭が2連覇。準優勝に金泰泳、3位に後川聡之と正道会館が上位独占。
2月28日	リングス後楽園ホール大会『実験リーグ 93 ROUND 1』で後川聡之vs平直行（引き分け）。
3月5日	リングス尼崎大会『BATTLE DIMENSION 93』で角田信朗vs成瀬昌由（角田TKO勝ち）。
3月7日	オランダ・アムステルダムで行われた『THE NIGHT OF THE SHOCK』でピーター・アーツがモーリス・スミスにKO勝利。
3月30日	後楽園ホールで『K-1 GP 前哨戦～聖戦Ⅰ～』開催。メインでは佐竹雅昭がクリス・ブランネルと対戦し佐竹の2RKO勝ち。
4月30日	代々木第1体育館で『K-1 GP 93 10万ドル争奪格闘技世界最強トーナメント』開催。決勝でブランコ・シカティックがアーネスト・ホーストをKOで破り初代王者となる。リングス・後楽園ホール大会『実験リーグ 93 Round 2』でアダム・ワットvs岩下伸樹（ワット1RKO勝ち）。
5月1日	GP 93の結果を受けて『K-1ランキング』が作成される。
5月16日	大阪府立体育館第2競技場で『聖戦Ⅱアンディ・フグ挑戦者決定トーナメント』開催。藤田実が優勝しアンディへの挑戦権を得る。この大会ではサム・グレコとマイケル・トンプソンが正道会館初登場（グレコはオーストラリアの正道の大会に出場経験有り）、空手ルールでそれぞれ1本勝ちした。
5月22日	全日本キックボクシング主催『EVOLUTION STEP 3』でアダム・ワットと力王が対戦しワットが4RKO勝ち。

5月29日	リングス有明大会で角田信朗vsウィリー・ピータース（角田ギブアップ負け）。
6月9日	リングス後楽園ホール大会『実験リーグ 93 Round 3』で後川聡之vsボブ・シュライバー（後川判定負け）。
6月25日	大阪府立体育館で『聖戦Ⅲ 風林火山 風の章』開催。メインで佐竹雅昭がドン・中矢・ニールセンを1RKOで下しUKF世界ヘビー級王者となる。
7月13日	リングス大阪大会で角田信朗vs成瀬昌由（角田ギブアップ負け）。これ以降正道会館勢がリングスのリングに上がることはなく事実上業務提携が終了する。
7月25日	オーストラリア・シドニーで行われた『BATTLE OF CHAMPIONS』で金泰泳がリック・クルーと、後川聡之がジョーン・チャニオティスと対戦しそれぞれ判定勝ち。スタン・ザ・マンがギャリー・サンドランドと対戦し3RTKO勝ち。
9月4日	日本武道館で『K-1 ILLUSION 風林火山 林の章』開催。メインで佐竹雅昭がスタン・ザ・マンを判定で下し、WKA世界スーパーヘビー級王者になるはずだったが「WKAルールではない」とのスタン側の主張によりタイトル移動はならず。
9月17日	オランダ・アムステルダムでピーター・アーツがロブ・ファン・エスドンクと対戦。アーツ4RTKO勝ち。
10月3日	大阪府立体育館で『カラテワールドカップ93 風林火山 火の章』開催。決勝は佐竹雅昭vsアンディ・フグで行われ、試し割り判定の末、佐竹が優勝。
11月15日	後楽園ホールで『ANDY'S GLOVE』開催。アンディ・フグが村上竜司を相手にグローブデビュー、1RTKO勝ちを収める。
12月4日	アメリカ・ラスベガスで行われた『The Legend's Final Challenge』で田上敬久がベニー・ユキーデの引退試合の相手を務め判定負け。
12月5日	オーストラリア・メルボルンで行われた『REVENGE』で

	金泰泳がポール・ブリッグスに1RKO負け。佐竹雅昭はスタン・ザ・マンと対戦し引き分け。
12月19日	両国国技館で『K-2 GP 93 風林火山 山の章』開催。決勝でアーネスト・ホーストがチャンプア・ゲッソンリットを破り優勝。

■94年以降の歴史

94年
K－1、地方へ世界へ～潜む『魔物』～

3月4日、事件は起こる。『K－1チャレンジ』で前年度K－1王者ブランコ・シカティックとグローブ3戦目のアンディ・フグが対戦。1ラウンドにパンチと膝蹴りの猛攻を受けスタンディングダウンを奪われたアンディに、誰もが「やはり駄目か」と思った。

しかしアンディは逆襲。かかとの連打、パンチのラッシュで、ついにはスタンディングダウンを奪う。シカティックはバッティング（?）で流血。その後も両者気迫の戦いだったが、判定で勝利を得たのはアンディ・フグだった。

この結果によりアンディは一気にGPの優勝候補最右翼となったのだが……。

一方、日本期待の佐竹はK－2覇者ホーストと対戦。右の蹴りを意識していた佐竹の裏をかくがごとく、戦慄の左ハイキックでホーストがKO勝利。佐竹はGPへ向けて不安を残した。

4月30日、『K－1 GP94』開催。この1回戦でアンディ・フグはアルティメット大会準優勝の肩書を持つパトリック・スミスと対戦。

1ラウンド直後、いきなり自らの代名詞『かかと落とし』をパトスミに打たれたフグ。それはかわしたものの直後に右フック。尻もちをつくかのようにダウンしたフグ、すかさず立ち上がるがパンチ連打に二度目のダウン。その間わずか19秒。場内に配られていた蛍光スティックが飛び交い、騒然となった。

ピーター・アーツもロブ・ファン・エスドンクに日本で初めてのダウンを奪われるなど（5カウントでKOのはずが、なぜかレフリーはカウント8くらいまで数えていて『幻のKO』といわれている）苦戦。しかし準決勝ではフグを破って勢いに乗るパトスミを秒殺KOで破り決勝へ。一方のブロックからはトンプソンをKOで、前年覇者のシカティックを苦戦しながらも判定で下した佐竹雅昭が決勝へ上がってきた。

決勝ではアーツがその力を誇示。KOこそ奪えなかったものの佐竹を終始圧倒し、初戴冠となった。


9月18日、のちに格闘技界では流行語となる『リベンジ』をテーマにした大会、『K－1リベンジ』を開催。この大会でアンディ・フグはパトリック・スミスと2度目の対戦。

初心に戻ったアンディは空手衣を着て入場してきた。ゴング直後に、あのときと同じようにかかと落としを放つパトスミ。しかしアンディは『フグ・トルネード』で軸足を払い、パトスミを転倒させた。

この試合で一番盛り上がったのは、ここだったかも知れない。かかと落としの応酬のあと、ミドルでパトスミを後退させたアンディは、頭をがっちりと捉えての膝蹴りでパトスミを葬り去り、見事リベンジを果たす。

この大会でリベンジマッチとして行われた4試合のうち、リベンジを達成したのはこの1試合のみと、格闘技でのリベンジの難しさを浮き彫りにした大会だった。

12月10日には名古屋に初進出し、『K－1 レジェンド 乱』開催。キモvsパトリック・スミスのアルティメットマッチ、ブランコ・シカティックの引退試合（後に復帰）など盛だくさんの内容だったが、メインでやはり事件が起こる。

日本では初のグローブマッチとなるサム・グレコが当時世界4冠王だった佐竹雅昭をパンチで圧倒。2ラウンドKO勝利をおさめ、『拳獣』の名は一気に高まった。

正道の本職、空手では10月2日にカラテワールドカップ94が開催された。サム・グレコvsマイケル・トンプソンという正道の大会初の外国人同士の決勝となり、サム・グレコが本戦1本勝ちでうれしい初優勝となった。

この年から翌年に渡って、K－1のコンセプトと同じようなワンナイトトーナメントが世界各地で開催されたことも記憶に残る。

1994年	
1月22日	MA日本キックボクシング連盟主催大会でアダム・ワットが赤士馬ヤストと対戦し1RKO勝ち。
1月30日	東京武道館で行われた『第3回トーワ杯争奪カラテジャパンオープン』で後川聡之が優勝。準優勝に金泰泳、3位に内田弥と2年連続で正道会館が上位独占。
3月4日	日本武道館で『K-1 CHALLENGE』開催。メインでアンディ・フグがブランコ・シカティックに判定勝ち。マイケル・トンプソンがグローブデビューしKO勝利（対ギャリー・サンドランド)。
3月6日	オーストラリア・メルボルンでオーストラリア版 K-1といえる『タイパンⅠ』が行われスタン・ザ・マンが優勝。また同大会においてサム・グレコがグローブデビュー（対戦相手不明）しKO勝利を収める。
3月12日	キックボクシングの大会で正道会館に所属していた植田修選手が不慮の事故死。享年22歳。
4月30日	代々木第1体育館で『K-1 GP 94 10万ドル争奪格闘技世界最強トーナメント』開催。決勝でピーター・アーツが佐竹雅昭を判定で下し初優勝。
5月8日	オランダ・アムステルダムで行われた、『K-2 PLUS TOURNAMENT』でアーネスト・ホーストがボブ・シュクライバーを1RKOで破り優勝する。
9月12日	オランダ・ロッテルダムで行われた『K-1オランダ・トーナメント』でピーター・アーツがフランク・ロップマンを2RKOで破り優勝。
9月18日	横浜アリーナで『K-1 REVENGE』開催。セミ・ファイナルでアンディ・フグがパトリック・スミス1RKOで下しリベンジ成功、メインでは佐竹雅昭がデニス・レーンに2RTKO勝ち。
9月25日	オランダ・アムステルダムで行われた、『K-3 TOURNAMENT』でイワン・ヒポリットがファイサル・レディングを判定で破り優勝。

10月2日	大阪府立体育館で『カラテワールドカップ 94』開催。決勝でサム・グレコがマイケル・トンプソンを一本勝ちで下し初優勝。ワンマッチで佐竹雅昭がギャリー・サンドランドと、アンディ・フグがジェフ・ルーファスと対戦しそれぞれKO勝ち。
11月6日	ドイツ・ベルリンでアンディ・フグが初めて主催する大会『正道会館フルコンタクトカラテ ベストオブ 16』が行われる。
12月10日	名古屋レインボーホールで『K-1 LEGEND 乱～名古屋初上陸～』開催。パトリック・スミスとキモのアルティメット戦が行われ、キモがTKO勝ち。またブランコ・シカティックがアーネスト・ホースト相手に引退試合を行い2RKO勝ちを収める（後に復帰）。メインではサム・グレコが日本でのグローブ初試合で佐竹雅昭にKO勝利。

94年は、私が初めてK-1を知った年でもあり、また初めて会場でライブ観戦することができた記念すべき年となった。ここに至るまでの経過や歴史について、まったく知識はなかったが、それでも感動できるという点に、一流のソフトとしての土壌があったように思う。

のちに、プロレス会場なども何度か見させてもらったが、やはりその時に至るストーリーを知らないと、会場のノリには着いていけないものがあった。途中からでも入り込める点、感情移入しやすい点は、普及にとって重要な要素であることに気づかされた。初観戦となった9月の『K-1リベンジ』。初めて見たアンディ・フグの存在感を忘れることはない。

またこの大会のテレビ放送を録画しただけの短いビデオテープが、ゲームメーカーの取締役会を動かし、その後のK-1ゲーム発売につながったことを考えると、まさに説明不要の凄いソフトが誕生した年であったということを痛感させられる。

95年
拡大するK-1～新勢力の登場～

この年からGPに出場する選手を16名に拡大。1回戦、2回戦以降は別の日に行われるようになった。人数の増加に伴い、賞金総額も従来の10万ドルから、一気に倍の20万ドルにアップした。

3月3日に行われた『K-1 GP95 開幕戦』では、またも波乱が起こる。アンディ・フグが南アフリカからやってきた当時は無名のキックボクサー、マイク・ベルナルドの剛打にさらされ、レフリーストップ負け。2年連続の1回戦敗退となり、「アンディはキックでは通用しないのではないか？」といった声があがるようになった。

ジェロム・レ・バンナもこの大会が初出場。体重で35キロ、身長では21センチも劣るムエタイファイター、ノックウィー・デービーのローに大苦戦するも、なんとか判定で本戦へ。しかしこの試合は敗れはしたものの、『ムエタイ恐るべし』を印象づけたノックウィーの健闘が光った。

ほかには極真世界大会ベスト8のジョニー・クレインや、GPには初出場のスタン、グレコ、そして常連アーツ、ホースト、佐竹が本戦へと進んだ。

1回戦の結果を受け、5月4日には『K-1 GP95』（『決勝戦』とは付いていない）開催。サム・グレコの代打後川聡之をKOで下し『リベンジマッチ』となるアーネスト・ホーストとの準決勝を延長判定の末に制したピーター・アーツが決勝へ。

一方のブロックから決勝へ進んだのは、2ヶ月前にはタイ人のローで苦しめられていた、ジェロム・レ・バンナだった。佐竹、ベルナルドをKOで下して決勝進出した『バトル・サイボーグ』を、アーツはわずか97秒でKO、ここにアーツは2連覇を達成した。なおこの大会以後、佐竹雅昭は翌年10月までの長い『休養』に入る。

GP以外では、7月に名古屋で『K-1レジェンド 翔』、9月に横浜で「K-1リベンジII」、12月には再び名古屋で『K-1ヘラクレス』を開催。7月の名古屋では『K-3 GP95』というミドル級の世界一を決めるワンナイトトーナメントが行われた。決勝ではイワン・ヒポリットが金泰泳を再延長の末、スプリットデジションとなる大接戦で制し優勝。

どの試合も素晴らしいテクニックの応酬だったが、ヘビー級の戦いに馴れているファンにはイマイチ受け入れられなかった感も否めない。今ではファンの目も肥えているし、今こそ同様の大会をやればという声も大きいようだ（00年11月に『K‐1ジャパンMAX』という中量級の大会が開催され、その後も展開していくようである）。なお同大会では角田信朗が復帰、グローブデビューをKO勝利で飾っている。

横浜での大会は『空手vsキック5対5』という斬新なコンセプトで行われた。武蔵（当時ムサシ）は、この大会でパトリック・スミスに2ラウンドKO勝ちする衝撃デビュー。アンディはベルナルドの剛腕の前にまたも涙を飲む結果に。空手チームで武蔵のほかに勝ったのは金泰泳だけだったが、メインのサム・グレコ対ピーター・アーツは、敗れはしたもののグレコの『空手魂』が光る名勝負だった。

12月の名古屋大会では、提携したUWFインターから田村潔司（現リングス）が参戦し、パトリック・スミスとアルティメットルールで対戦。『伝家の宝刀』ヒール・ホールドでパトスミを秒殺し、プロレスラーの意地を見せた。メインでは、GP2連覇の王者ピーター・アーツにマイク・ベルナルドが挑む1戦。ベルナルドのパンチには多少なりとも手こずると思われたが、終わってみればアーツの秒殺KO。しかし途中でカウントをストップされたベルナルドはリング上で悔し涙を流した。この2人のドラマは、翌年に大きな流れとなっていく。

そのほか、日本人選手を中心に、3月に行われた『K‐リーグ』の開催（思想的には現在のK‐1ジャパンに繋がっている）、6月にスイスで初の大会となる『K-1 FIGHT NIGHT』開催や10月の『カラテワールドカップ95』での金の初優勝などがあった。

1995年	
1月7日	フランスで、フランス版K-2『トーナメント・オブ・100,000ドル』が行われ決勝でロブ・カーマンがジェロム・トゥルカンをTKOで破り優勝。
3月3日	日本武道館で『K-1 GP 95 20万ドル争奪格闘技世界最強トーナメント 開幕戦』開催。初登場したマイク・ベルナルド、ジェロム・レ・バンナの他アーツ、佐竹など8名が決勝大会に勝ち上がる。
3月18日	極真会館総本部でフランシスコ・フィリォが百人組手を無敗で完遂。
3月19日	オーストラリア・メルボルンでオーストラリア版K-3トーナメント『BEST OF THE BEST』が行われ、グルカン・オスカンが優勝。
3月25日	MA日本キックボクシング連盟と協力し後楽園ホールで『Kリーグ オープニングファイト 見参 KENZAN』を開催。メインで金泰泳がベイラム・コラックと対戦し引き分け。アメリカ・コネチカットで行われた大会でスタン・ザ・マンとジェフ・ルーファスが対戦しルーファスが1RKO勝ち。
4月2日	オランダ・アムステルダムで行われた『キックボクシング』でイワン・ヒポリットとオーランド・ウィットが対戦しウィットが判定勝ち。
5月4日	代々木第1体育館で『K-1 GP 95 20万ドル争奪格闘技世界最強トーナメント』開催。決勝でピーター・アーツがジェロム・レ・バンナを1RKOで破り2連覇達成。
6月10日	スイス・チューリッヒで、アンディ・フグプロモートの『K-1 FIGHT NIGHT』開催。メインでアンディ・フグがデニス・レーンに2RKO勝ち。
7月16日	名古屋レインボーホールで『K-1 LEGEND 翔～K-1 スーパーワンマッチ& K-3 GP 95～』開催。K-3ではイワン・ヒポリットが決勝で金泰泳を判定で下し優勝。ワンマッチで角田信朗がジョー・サン相手にグローブデビューし1RKO勝ち。

8月24日	名古屋で行われたシュートボクシングの大会『S-CUP Thunder and lightning』でアダム・ワットがマンソン・ギブソンに判定勝ち。
9月3日	横浜アリーナで『空手vsキック』というコンセプトの大会『K-1 REVENGE II～カラテの逆襲～』開催。ムサシ（武蔵）がパトリック・スミス相手にデビューし2RKO勝ち。メインはピーター・アーツがサム・グレコに判定勝ち。空手vsキックはキックの5勝2敗。
9月10日	オランダ・アムステルダムで女子版のK-1『FIRST LADIES K-TOURNAMENT』が行われチャクリキのコリーン・ヘーリスが優勝。
10月7日	アメリカ・ノースカロライナで行われた何でもあり系の大会『ワールド・コンンバット・チャンピオンシップ』でジェームズ・ウェーリングが決勝に進出するもヘンゾ・グレイシーにギブアップ負け。なおこの大会の1回戦ではジェロム・トゥルカンとジェームズ・ウェーリングが対戦し、ウェーリングが後頭部パンチでギブアップ勝ちしている。
10月8日	大阪府立体育館で『カラテワールドカップ 95』開催。決勝で金泰泳が後川聡之を下し初優勝。またカラテルールのワンマッチでアンディ・フグがマイケル・トンプソンを判定で破る。
10月22日	オーストラリア・メルボルンで行われたオーストラリア版のK-1『THE BEST OF THE BEST』の決勝でサム・グレコがスタン・ザ・マンを判定で下し優勝。ブラジル・リオデジャネイロで行われた何でもあり系の大会『バーリ・トゥード ブラジルオープン 95』1回戦でジャン・リビエールがブラジル・バーリトゥード王者のメストレ・フッキにKO勝ち。同大会で平直行がモーリス・トラビスにギブアップ勝ち（2回戦以降は行われず）。
10月27日	シュートボクシングの大会『S-CUP BOMBR!!』でアダム・ワットがビル・ラスファーをKOで下しSB世界スーパーイーグル級王座獲得。

10月28日	オランダで行われた『SHOCK OF EUROPE』でピーター・アーツがフーベルト・ヌムリッヒに判定勝ち。
11月3～5日	極真会館主催『第6回オープントーナメント全世界空手道選手権大会』でフランシスコ・フィリォが3位、ニコラス・ペタスが5位、グラウベ・フェイトーザが8位に入賞。
11月17日	正道会館とUWFインターが合同記者会見を行ない協力関係を結ぶと発表。
12月9日	名古屋レインボーホールで『K-1 HERCULES』開催。当時UWFインター所属だった田村潔司がアルティメットルールでパトリック・スミスにギブアップ勝ち。メインではピーター・アーツがマイク・ベルナルドに1RKO勝ち。また同大会で田上敬久の引退式が行われる。

95年は、私にとって初めて1年間フルに、Ｋ‐１にふれる年になった。また94年の横浜大会以降、明らかに流れが変わったＫ‐１にとっても、新たなチャレンジの年であったに違いない。私はメインとなるＫ‐１ＧＰが確実に成長する横で、新たな遺伝子の生成に挑戦する石井館長の姿を見ることになる。確かにＫ‐１ＧＰは順調に成長していた。しかしそういう時期だからこそ、新たな先行投資を行うという意志を感じた年だった。調子の良いときにこそ新たな投資をする。企業の生命を永らえるための鉄則が、そこには存在していた。

軽量級のイベントや日本人大会など、苦労のタネはいくらでもあった。またこの年は、田村選手にまつわる、多くの思い出を作ることができた年だった。

96年

Ｋ‐１戦国時代～アーツ転落、アンディの復活～

3月10日に行われた『Ｋ‐１ ＧＰ96 開幕戦』。この年の魔物の第1の犠牲者は前年度グランプリ準優勝のジェロム・レ・バンナだった。ブランコ・シカティックの弟子との触れ込みで初参戦したミルコ・タイガー（現ミルコ・クロ・コップ・フィリポビッチ）にダウンを奪われ判定負け。Ｋ‐１の恐ろしさを思い知らされた。

アンディ・フグはプロレスラーであり、ＧＰ93に出場する噂もあったバート・ベイルにＫＯ勝ち。3年目にして初の1回戦突破となった。

そして5月6日『Ｋ‐１ ＧＰ96』。2年連続優勝という絶対王者ピーター・アーツの身に降りかかった災厄。マイク・ベルナルドの剛腕フックの前に二度のダウンを奪われ轟沈。アーツの完全なるKO負けに会場は大ベルナルドコールに包まれた。勢いに乗ったベルナルドは、準決勝で日本のホープ ムサシを判定で下し、決勝進出を決める。

一方のブロックから勝ち上がってきたのは2年連続1回戦敗退の鉄人アンディ・フグだった。2回戦では負傷欠場したグレコの代理、大巨人バンダー・マーブを秒殺。準決勝では、昨年敗れているアーネスト・ホーストを再延長の末2対1という僅差で下しての決勝進出。

過去2連続KO負けしているベルナルドの前に、今アンディが立つ。両者とも満身創痍であったが、よりポイントにダメージを負っていたのはベルナルドだったろう。

アーツ、ムサシにローを蹴られつづけていたベルナルドに、アンディのローを受けきる力はすでに残っていなかった。2ラウンド、ローでダウンを奪ったアンディがフィニッシュに使った技は、自らの名が冠された『フグ・トルネード』。場内が一体となった10カウントコールの中、アンディの初優勝が決まった。

9月には大阪で『K-1リベンジ96』開催。WMTC(現WMC)の世界タイトルマッチが3試合行われた。

サッグモンコンは『これぞムエタイ』という技術を見せつけ余裕の判定勝利。アンディ・フグはスタン・ザ・マンをKOで下し、WMTC世界スーパーヘビー級王者になった。

しかしこの大会で特筆すべきは金泰泳である。5ヶ月前にタイで敗れているワンロップ・ソー・サーッタパンへのリベンジマッチ。金はムエタイとは違う独特のリズムで王者を翻弄。最終ラウンドでは、やっきになって肘打ちを繰り出してくるワンロップを前蹴りで突き放すなどムエタイ流テクニックも使いこなし、堂々の判定勝利。日本選手としては藤原敏男につぐ2人目のムエタイ王者となった。

10月には、初めてテレビで生中継を行った『K－1 スターウォーズ96』開催。GPではKO負け、先のリベンジでは反則負けとベルナルドに2連敗していたアーツが、復権をかけて挑んだ。しかし結果はGPの悪夢を繰り返すかのようなKO負け。

さらにはジェロム・レ・バンナがアーネスト・ホーストを失神KOで葬るなど世代交代の色が目立った大会だった。この大会では佐竹雅昭が約1年半ぶりに復帰。アンディ・フグと対戦したが、煮え切らない展開のまま判定で敗れ、ほろ苦い復帰戦となった。

そのほかにはK－1では6月に2年連続となるスイス大会を開催。主催者でもあるアンディ・フグはサダウ・ゲッソンリットをKOに下し、故郷に錦を飾った。12月には名古屋で『K－1ヘラクレス96』を開催し、レイ・セフォーが初参戦、ホーストのローキックの前に敗れはしたものの、のちの活躍を予感させるような激しい攻防で名古屋を沸かせた。

正道会館の本場所、空手の全日本大会は、この年からリングではなく舞台を使用、さらに再延長時のグローブ着用も廃止し、『武道への原点回帰』を果たした。この大会では子安慎悟が初優勝を果たした。

1996年	
2月18日	オランダ・アムステルダムで行われたリングスオランダ主催の『FREE-FIGHT GALA 96』でロブ・ファン・エスドンクとレネ・ローゼがキックルールで対戦し、エスドンクが1 RKO勝ち。
3月1日	正道会館とUWFインターの協力関係の一環としてUWFインターの大会でチャンプア・ゲッソンリットvs金原弘光（現リングス）の試合が行われチャンプァが判定勝ち。しかし以降正道会館とUWFインターの交流は行われず。
3月10日	横浜アリーナで『K-1 GP 96 開幕戦～20万ドル争奪格闘技世界最強トーナメント～』開催。この大会で初登場したミルコ・タイガー（現ミルコ・クロ・コップ・フィリポビッチ）やアンディ、ベルナルドなど8名が2回戦に進出。またスペシャルワンマッチでITFテコンドーの速水勇がグローブデビューするも室崎剛将に1RKO負け。
3月21日	オーストラリア・シドニーで行われたアダム・ワット主催の大会『THE EVENT』で後川聡之がポール・ブリッグスと試合をするもバッティングによる流血で無効試合に。
3月30日	タイ・パタヤで行われた『プーミポン国王就任50周年記念興行』で金泰泳がワンロップ・ソー・サーッタパンとWMTCジュニアミドル級王座決定戦を行うも判定負け。同大会でスタン・ザ・マンがカークウッド・ウォーカーに判定勝ちし、WMTCスーパーヘビー級王者に、サッグモンコン（・シッチューチョーク）がイワン・ヒポリットを判定で破りWMTCミドル級王者になる。
4月4日	フジテレビで格闘技情報番組『SRS－スペシャルリングサイド』放送開始。
4月26日	カナダ・モントリオールで行われた何でもあり系の大会『EXTREME FIGHTING Ⅱ』でジャン・リビエールがカーロス・ニュートンにギブアップ勝ち。
5月6日	横浜アリーナで『K-1 GP 96～20万ドル争奪格闘技世界最強トーナメント』開催。決勝でアンディ・フグがマイク・

	ベルナルドを2RKOで下し、初優勝。同大会で、宮本正明がアイアン・ロニー相手にプロデビューし、1R 0分13秒でKO勝ち。ジャン・リビエールがK-1に参戦表明。
5月12日	代々木第1体育館で行われた日本国際テコンドー協会主催『モランボンカップ 96 第7回全日本選手権大会』ヘビー級でピア・ゲネットが優勝。
6月2日	スイス・チューリッヒでアンディ・フグがプロモートする『K-1 FIGHT NIGHT II』開催。メインでアンディ・フグがサダウ・ゲッソンリットに2RKO勝ち。同大会で後川聡之がオーランド・ウィットに2RKO負け。事実上の引退試合となる。
7月13日	オーストラリア・シドニーでアダム・ワットが主催する大会『FIGHT NIGHT』が開催。アダム・ワットは1RKOでUKF世界クルーザー級王者を防衛。
7月20日	タイ・ブリーラムで行われた『象ビール世界崩壊戦』でWMTC世界クルーザー級王者をかけてムサシ（武蔵）がサダウ・ゲッソンリットと対戦。サダウが判定で勝利し王者の座に。
8月9日	(株)エクシングエンタテイメントからプレイステーション用ゲームソフト『K-1 GP FIGHTING ILLUSION』発売。以後シリーズ化される。
8月17日	アメリカ・ハワイで行われた『WORLD WAR III』で宮本正明がデニス・アレクシオと対戦。ダウンを奪うも6Rに逆転TKO負け。
9月1日	大阪城ホールで『K-1 REVENGE 96』開催。アンディ・フグがスタン・ザ・マンを2RKOで破りWMTC世界スーパーヘビー級王者に、金泰泳がワンロップ・ソー・サーッパタンを判定で破りWMTC世界ジュニアミドル級王者になる。また同大会でジャン・リビエールがK-1初登場、フレッド・フロイドを2RKOで破りデビュー戦を飾る。
9月18日	フジテレビ第4スタジオでアンディ・フグと佐竹雅昭がそれぞれ観客を入れての公開スパーリングを行う。

10月6日	空手の原点に立ち戻るべく『カラテワールドカップ』から名称を元に戻した『第15回オープントーナメント全日本空手道選手権大会』を大阪府立体育館で開催。リングを廃止して舞台に戻し、再延長のグローブ戦も廃止。優勝は東京本部の子安慎悟。
10月18日	横浜アリーナで『K-1 STAR WARS 96』開催。ゴールデンタイムにテレビで生中継される。メインでは1年半ぶりの復帰を果たした佐竹雅昭がアンディ・フグと対戦するもアンディが判定勝ち。 アメリカ・オクラホマで行われた何でもあり系の大会『EXTREME FIGHTING 3』で、モーリス・スミスがブラジリアン柔術の黒帯マーカス・コナン・シウヴィエラをTKOで破りヘビー級チャンピオンとなる。

11月23日	フランス・マルセイユで行われた『LA NUIT DES CHAMPIONS Ⅲ』でモーリス・スミスがジェフ・ルーファスに8RKO勝ち。
12月8日	名古屋レインボーホールで『K-1 HERCULES 96』開催。メインでアンディ・フグがムサシ（武蔵）を判定で破る。同大会でレイ・セフォーが初参戦、アーネスト・ホーストと対戦するも4RTKO負け。

96年は、まさにその後のK‐1にとって重要な年となった。ここまで紹介した項目だけでも、すごいイベントの連続である。私が94年にK‐1の周辺ビジネスをお手伝いするようになってから1年半ほどの間に、館長と議論し、また一緒に作業してきたことが形になったのが、この96年だった。ビデオゲームが8月に発売され、その後中心的なK‐1商品のひとつになった。

またK‐1初の地上波テレビゴールデンタイム進出を果たしたのが10月だった。これは提案段階からの知恵と苦労が実を結んだという点で、本当に感慨深いものがあった。実は大会が無事に終了して、大会関係者や放送関係者と握手を交わしたあとに、私にとってはもうひとつの感慨深い出来事が待っていた。

喜びの人の輪の中から館長が出てきた。そして新幹線で帰京しようとしていた私は、館長の運転する車で一緒に帰京。そのまま大会関係者や選手が宿泊するホテルのラウンジで、あまり会話することもなくコーヒーを楽しんだ。

この無言の時間が、実は最大の至福のときだった。人間、あまりにうれしいとき、感激しているときは、こんなものだと感じた。1時間ほど静かな時間を過ごして、感動の夜は終わった。

冒頭に紹介した劇的なK‐1GPも96年の出来事だった。そういえば初期のK‐1ウエブサイトの英語版制作の仕事を手伝ってくれたのは、この年にK‐1初参戦を果たしたジャン・リビエールだった。思い出深い年が、この96年だった。

そしてこの年、私たちは新たなチャレンジを始める。ビジネスにとっては大きな転機を迎えようとしていた。その成果は、翌97年、ついに全貌を現すことになる。

97年
新展開を迎えるK－1
〜ドーム進出・『一撃』旋風〜

この年にK－1は大きな動きを見せる。名古屋、大阪、そして東京の3大ドーム進出。当然、格闘技界では初となる快挙だ。

そして2月26日には、現役の極真王者フランシスコ・フィリォの参戦を発表。極真会館と正道会館は絶縁状態にあったが、松井館長の『門戸開放宣言』で雪解け。さらにはフジテレビの仲介もあり、この日の発表となった。

しかも対戦相手に選ばれたのは、前年度K－1王者のアンディ・フグ。K－1王者対極真王者という以上に、この2人の因縁。極真の第5回世界大会でアンディ・フグは当時まったくの無名であったフランシスコ・フィリォに、空手生涯唯一の1本負けを喫し、その後極真を離脱している。アンディの6年越

しのリベンジマッチとしての様相も呈していた。

3月16日に行われた『K－1キングス97』では、ブランコ・シカティックが2年ぶりに復帰。ムサシをKOで破り、その力が衰えていないことをアピールした。メインではピーター・アーツとアンディ・フグのK－1王者同士の対決も実現。アーツが1ラウンドKO勝利を飾り、昨年までの悪夢を払拭。逆にアンディはフィリォ戦へ不安を残す。

4月には、九州初進出となる『K－1 BRAVES97』開催。ホーストがダウンを跳ね返してベルナルドから逆転KO勝ち。セフォーがバンナを『ブーメランフック』で失神KO。ステファン・レコの初登場など見どころの多い大会だったが、アンディはサム・グレコを相手に不完全燃焼のドローとまたもや暗雲。しかし6月には地元スイスで宿敵・ベルナルドを判定で下し、フィリォ戦へ向けての準備は整った。

そして迎えた7月20日名古屋ドーム。『K－1ドリーム97』と名付けられた大会で、アンディは悪夢を見た。

両者単発で攻撃を出してはいたが、様子見の展開から迎えた2分すぎ……アンディはフェイント気味にパンチを出し、空振り。そのときに出したフィリォの右手が『当たった』。軽く出したようにしか見えないその1発で、アンディはマットに沈んでいった。

このときフィリォのセコンド陣が着ていたTシャツには、まさにこのときのためにあるかのような『一撃』の文字。

この大会では、初となる『ジャパンGP』も同時開催された。各団体から集まった8名の日本人選手の中から決勝へ進んだのは、優勝候補の本命佐竹雅昭とムサシの欠場による代理出場であった鈴木政司という正道会館の2人だった。試合は佐竹が先輩の貫禄を見せTKO勝利。初代王者となった。

9月には大阪ドームで『K-1 GP97開幕戦』開催。ここでの主役もやはりフィリォだった。対戦相手は南アの大巨人バンダー・マーブ。序盤にいきなりラッシュをかけられたフィリォだったが、横蹴りで相手を吹っ飛ばす。中盤にはアッパーを顔面にもらいヒヤリとする場面もあった。しかし『一撃』はこの日も火を噴いた。横蹴りで相手の動きを止めてからの左中段後ろ蹴り。見事にボディに突き刺さった左踵にマーブは悶絶。フィリォは本戦へ駒を進める。

またこの大会では、テコンドー王者ピア・ゲネットも参戦。アンディ・フグとの対戦は

『かかと落とし対決』といわれたが、勝ちに徹したアンディはゲネットの蹴り技にはまったく付き合わず、パンチであっさりとKO勝ち。ゲネットは経験とパワーの不足を思い知らされた。ほかにはアーツ、ホースト、ベルナルド、バンナ、グレコ、佐竹と『常連』達が順当に決勝に勝ち上がっていった。

11月9日東京ドームで迎えたファイナル『K-1 GP97 決勝戦』。最注目のフランシスコ・フィリォは2回戦の相手サム・グレコをまたも『一撃』右フックで下し、準決勝へ。準決勝の相手は2回戦でジェロム・レ・バンナへのリベンジを果たしたアーネスト・ホースト。

静かな試合だった。お互いがお互いの間合に踏み込まない、踏み込めない。1歩足を踏み入れればお互いの打撃が一瞬のうちに交錯する……。『この年のベストバウト』という

声も多いこの超精神戦を制したのは、経験と技巧に勝るホースト。フィリォの快進撃をストップし、決勝へ駒を進めた。

もう一方のブロックからの決勝進出者は、この年不調と思われていたアンディ・フグだった。より空手時代に近いスタイルを作り上げたアンディは2回戦で佐竹を秒殺。準決勝ではピーター・アーツへのリベンジを成し遂げての決勝進出。過去1勝1敗と互角の戦いをしている2人の試合は、またも接戦になった。一方が打てばもう一方が打ち返す。意地と意地のぶつかり合いのような試合だったが、ホーストの優勝へかける思いが勝った。判定2対0でホーストが念願の初優勝を飾った。

正道会館としては、この年にはオープントーナメント制を取りやめ、自流派のみの大会となった『第16回全日本空手道選手権大会』を10月に開催。

子安慎悟が昨年に引き続き優勝。子安は、この年に正道会館勢としては5年ぶりとなる極真の大会（全日本空手道選手権大会）にも参戦したが、惜しくも3回戦で敗れてしまった。

1997年	
1月5日	タイ・チャチューンサウで金泰泳がゴーンパッタピー・ソー・スマーリーと対戦し判定負け。
2月1日	フランス・パリで行われた『ル・ショック・デ・モンド』でジェロム・レ・バンナがモーリス・スミスを判定で下しISKA世界ムエタイ・スーパーヘビー級王者を防衛する。また同大会でカーチス・シュースターがステファン・レヴェヨンにTKO勝ちを収める。
2月26日	フジテレビ新社屋球体展示場で行われた記者会見で『K-1 DREAM 97』でアンディ・フグ対フランシスコ・フィリォの対戦を行うと発表。
3月16日	横浜アリーナで『K-1 KINGS 97』開催。ブランコ・シカティックが2年ぶりに復帰しムサシ（武蔵）を4RTKOで破る。メインではピーター・アーツがアンディ・フグを1RKOで下す。同大会で極真会館（松井派）の松井章圭館長がリングに上がり石井和義館長と握手。
4月	正道会館で『K-1コース』開設。グローブテクニックの一般への指導を本格的に始める。
4月12日	石井和義館長が制作総指揮を務めた格闘技のドキュメンタリー映画『最強への道～WELCOME TO THE K-ZONE』が全国松竹系で公開される。同時上映の『ウルトラマンゼアス2』では石井和義、アンディ・フグ、角田信朗、中迫剛（当時プロデビュー前）が出演。
4月20日	極真会館（松井派）が主催する『97 全世界ウェイト制空手道選手権大会』重量級でフランシスコ・フィリォが優勝。極真史上初の外国人王者となる。また重量級は準優勝にグラウベ・フェイトーザ、3位にニコラス・ペタスと後にK-1に参戦する選手が上位独占。
4月29日	マリンメッセ福岡で『K-1 BRAVES 97』開催。メインでアンディ・フグがサム・グレコと対戦するも引き分け。また同大会でステファン・レコがK-1に初登場、サダウ・ゲッソンリットを判定で下す。

5月11日	オランダ・デンボッシュでヘビー級キック選手のワンナイトトーナメント『THE BEST OF THE BEST』が行われる。K-1に参戦したロブ・ファン・エスドンクやペリー・テリグットなどが出場。決勝でペドロ・ヒーゾが試合放棄しロイド・ヴァン・ダムが優勝。
6月2日	新高輪ホテルで行われた記者会見で正道会館、MA日本キックボクシング連盟、ワールドシュートボクシング協会、全日本キックボクシング連盟、日本キックボクシング協会の5団体の連合体『K-1 JAPAN LEAGUE』の設立を発表。
6月7日	スイス・チューリッヒでアンディ・フグがプロモートする『K-1 FIGHT NIGHT～THE DECISION～』開催。メインでアンディ・フグがマイク・ベルナルドにダウンを奪われるも判定勝ちしWKA世界ムエタイスーパーヘビー級王者を防衛。
6月8日	オーストラリア・メルボルンで行われた『NOW OR NEVER』でスタン・ザ・マンがグラン・バーカーを2RKOで下しWKA世界スーパーヘビー級王者を防衛。
6月17日	後楽園ホールでムサシ（武蔵）、宮本正明、鈴木政司、中迫剛の4名による『K-1ジャパングランプリ正道会館代表選手出場者決定トーナメント』が関係者とマスコミ陣のみに公開のもと開催。決勝でムサシが中迫を判定で破り出場権を獲得する（後に脳の腫れが判明し出場は出来ず）。

	ボクシングの協栄ジムが『K-1 キョウエイジム』を設立、K-1正式参戦を発表。
6月23日	正道会館東京本部で行われた記者会見でITFテコンドーの第8回世界大会王者であるピア・ゲネットが『K-1 GP 97』への参戦を正式表明。
7月4日	オーストラリア・サウスウェールズで行われた『FIGHT NIGHT』でアダム・ワットがマーカス・リードを2RKOで破りISKA世界ムエタイ・ライト・クルーザー級王者を防衛するもボクシングへの転向を表明。
7月12日	ボクシングの元東洋太平洋ウェルター級王者吉野弘幸が全日本キックに入団＆K-1参戦記者会見を行う。
7月20日	ナゴヤドームで『K-1 DREAM 97』開催。K-1に初参戦したフランシスコ・フィリォがアンディ・フグを1RKOで破る。また同大会では『K-1 JAPAN GP 97』が開催され佐竹雅昭が優勝し『K-1 GP 97』への出場権を得る。
7月27日	アメリカ・バーミンガムで行われた何でもあり系の大会『THE ULTIMATE FIGHTING CHAMPIONSHIP 14』でモーリス・スミスがマーク・コールマンを判定で下しUFCヘビー級王者となる。
7月	バンダイより『K-1トレーディングカード ROUND ONE』発売。
7月～8月	ピーター・アーツがドージョーチャクリキを離脱しフリーとなる。
9月7日	大阪ドームで『K-1 GP 97 開幕戦』開催。ホースト、フィリォなど8名が決勝大会へ進出。初参戦したテコンドー王者のピア・ゲネットはアンディ・フグに1R、リック・ルーファスはジェロム・レ・バンナに3 RKO負け。カーチス・シュースターも初参戦しリザーブマッチでサダウ・ゲッソンリットを判定で下す。また元東洋太平洋ウェルター級王者の吉野弘幸がスペシャルワンマッチでメルビン・マーリーを相手にキックデビュー。1RKOで飾るもその後はキックの試合を行わず(後に再びボクシングにカムバック)。

9月28日	長井満也（当時リングス所属）が全日本キックボクシング主催『KICK OVER-IX』でドゥリュー・リード相手にキックデビューを果たすも3R判定負け。
10月5日	大阪府立体育館で『第16回全日本空手道選手権大会』開催。今大会からは他流派の参戦をなくし自流派のみの大会となる。優勝は2連覇となる子安慎悟。 フランス・パリで行われた『フランスvsタイ』でステファン・ニキエマとチャンプァ・ゲッソンリットが対戦。ニキエマが3RKO勝ち。
10月11日	東京ドームで行われた、KRS主催『PRIDE-1』に、ブランコ・シカティックが参戦。ラルフ・ホワイトとスタンディングバウトで戦うがホワイトのケガにより無効試合に。
10月12日	両国国技館行われた『97 格闘技の祭典 SPECIAL』で阿部修治とサダウ・ゲッソンリットが対戦。阿部が2Rにダウンを奪い判定勝ち。
10月17日	アメリカ・ミシシッピで行われた何でもあり系の大会『THE ULTIMATE FIGHTING CHAMPIONSHIP 15』でモーリス・スミスがタンク・アボットをTKOで下しUFC世界ヘビー級タイトルを防衛。
10月19日	代々木第1体育館で行われた日本国際テコンドー協会主催『モランボンカップ 97』ヘビー級でピア・ゲネットが2連覇。
10月	宮本正明が群馬県高崎市に『SEIDO群馬 K-1 ジム』をオープン。
11月1〜2日	東京体育館で行われた極真会館（松井派）主催『第29回オープントーナメント全日本空手道選手権大会』に正道会館から子安慎悟が出場するも3回戦で敗退。(優勝は数見肇)
11月9日	東京ドームで『K-1 GP 97 決勝戦』開催。決勝でアーネスト・ホーストがアンディ・フグを判定で破り初優勝。同時に行われた『K-1ジャパンフェザー級 GP 97』ではシュートボクシングの村浜武洋が佐藤堅一（MAキック）を判定で破り優勝。

11月22日	フランス・マルセイユで行われたキックボクシングの大会でカーチス・シュースターがステファン・レヴェヨンに3RKO勝ち。
12月21日	横浜アリーナで行われた何でもあり系の大会『ULTIMET FIGHTING CHAMPIONSHIP IN JAPAN』でモーリス・スミスがランディ・クートゥアに延長の末判定負け。UFC世界ヘビー級王座を失う。

97年は、K-1のビジネスの枠組み作りを手伝うという立場、そしてデジタル関連の周辺権利をビジネスにするという役割からみて、3つの大きなテーマについて特筆すべきものがあった。

最初は、この年ついにK-1の興行・放送、および関連事業について、初の年間契約方式を採用できたことである。従来は、大会単位で各種契約を締結していたが、96年からの各方面との交渉作業が功を奏して、この年ついに年間での包括契約を締結できた。これにより経営的にはより長期的な戦略を実行することができる。ファンにとっても1年間のスケジュールやテーマが年初に発表されるメリットがあったはずである。そしていきなり大きな手が打たれる。これが格闘技界初の3大ドームツアーだった。

またこの年は、他団体との戦略的提携を含む組織作りだった。極真会館との歴史的な交流。さらには国内キックボクシング団体との連携によるK-1ジャパンリーグの発足などである。私は、その事前交渉段階から最終的な契約締結実務まで、館長と共に参加させていただいた。まさに時代の変化を体感した瞬間であった。

さらにインターネットの世界でも、画期的な成果をあげることができた。地上波テレビで放映する、まさにその映像をインターネットで生放送したのだ。これは内容といい、規模といい、国内初の出来事であった。地方などにおいては、K-1の様子が生放送されない地域があったため、そのようなエリアでは、テレビ放送を見る前にインターネットの動画放送で会場からの生映像と生音声を楽しむことができた。

この年は組織作りの劇的な変革に加え、契約方式の変更による新たな枠組みへのジャンプアップを果たした年になる。さらには活用するメディアの多角化を果たしたという点で、思い出深い年となった。

98年
世界への進出～地区別トーナメントの開催～

日本発世界へ……。K‐1初期のころからいわれていたこの言葉が、いよいよ本格的に始動しはじめたのがこの年だ。

アメリカのエンターテイメントの本場ラスベガスへの進出が発表された。ラスベガスではGP本戦への出場権をかけたUSA GP。毎年恒例となってきたスイス大会では、同じく本戦への出場権をかけたヨーロッパGPの開催。さらにはジャパンGPと世界各地区での予選トーナメント開催。K‐1は一気に世界規模へと拡大していく。

6月にはスイスで毎年開催されている

『FIGHT NIGHT』内で、GP本戦となる『ヨーロッパGP』を開催。優勝候補本命だったステファン・レコが3試合連続KOで本戦へと駒を進めた。

メインではアンディ・フグとピーター・アーツが三度目の対戦。スタミナ抜群のアンディが、スイス観客の後押しを受けて見事判定で勝利した。


8月にはエンターテイメントの本場アメリカ・ラスベガスへ満を持しての初進出だ。8名の選手が本戦進出を賭けたUSA GP。ここでの主役は、優勝したリック・ルーファスではなく、準優勝のカーチス・シュースターだった。

1回戦では、ジャン・リビエールをKOで撃破。そして準決勝のジャン・クロード戦。ローで左足を完全に破壊されスタンディングダウンを喫したシュースターがKOされるのは時間の問題かと思われた。しかし彼は不屈の闘志で前へ出る。

その闘志に思わず後ずさりするクロード。シュースターのパンチラッシュ。奇跡を見ているかのようにシュースターは決勝進出を決める。しかしこの勝利と引き換えにしたものはあまりにも大きかった。左膝靭帯断裂。結局彼は決勝のリングに立つことはできずルーファスの優勝が決まった。

事前PRの不足、決勝が行われなかったなど、結果的には大成功とはいかなかったラスベガス大会だが、日本の団体として初めてラスベガスで興行を行ったという事実は大きい。

一方の日本では、極真から新たな強豪が登場した。グラウベ・フェイトーザとニコラス・ペタ

スの2人は7月、名古屋で行われた『K‐1ドリーム98　空手vsキック　7対7全面対抗戦』に参戦。95年に同じコンセプトで惨敗を喫している空手チームの新戦力として活躍が期待された。しかし、ペタスはレコに、グラウベはベルナルドにそれぞれKO負け。経験不足が浮き彫りとなった。

メインでのフィリォとアーツの対戦では、アーツがスネをケガしたためにフィリォの勝利となったものの、フィリォは生涯で初のダウンを喫する。空手vsキックの成績はキックの5勝1敗1分。空手惨敗。ルールが違うから仕方ないとはいえ、この結果にはショックを受けた人も少なからずいる。

そして迎えた大一番、K‐1GP98決勝戦。フィリォはベルナルドに生涯初のKO負け。一撃旋風を巻き起こし極真最強の外国人と謳われた男をリングに沈めたベルナルドは、コーナーに上って雄叫びを上げる。だがそのベルナルドも復活した怪童ピーター・アーツに1ラウンドでKO負け。アーツを決勝のリングで待つは3年連続のファイナリストとなるアンディ・フグ。

四度目の対決の勝利はピーター・アーツの豪快な左ハイキックで決着がついた。3試合すべて1ラウンドKO決着という大記録を作り、ここに絶対王者アーツが完全復活した。

この年からは、日本人中心の大会『ジャパンシリーズ』も開始。日本テレビが放送するなど、従来のK-1とは違ったスタイルで行われていくようになる。

また、空手『全日本大会』では2年連続優勝していた子安が欠場するなか、門久雄が初優勝。子安は極真の大会へ前年に引き続き参戦するが、この年では2回戦敗退にとどまった。

1998年	
1月23日	ニュージーランド・オークランドで行われたISKAキックボクシングの大会でレイ・セフォーがステファン・レヴェヨンと対戦。セフォーが2RKO勝ち。同大会に出場したジャン・クロードも2RKO勝ち。
2月15日	オランダで行われた大会でロイド・ヴァン・ダムが1R 0分01秒でTKO勝ちという怪記録を作る。（対戦相手のリカルド・パーンスのローキックをスネカットしたところ相手が骨折したため即座にレフリーストップ）
3月13日	新高輪プリンスホテルで行われた記者会見で8月8日にラスベガスで大会を行うと発表。またアルティメット大会の元プロデューサーであるアート・デービー氏が『K-1 USA』プロデューサーに就任。
3月14日	後楽園ホールで行われたMAキック主催『最強へのバトル』で金泰泳が港太郎と対戦。2ダウンを奪い判定で勝利。
3月15日	横浜アリーナで行われた『PRIDE 2』でブランコ・シカティックが第14＆15回アルティメット大会王者のマーク・ケァーと総合系のルールで対戦。反則を繰り返しシカティックの反則負けとなる。
3月22日	オーストラリア・シドニーで行われた『KARATE WORLD SERIES』でマンソン・ギブソンが1回戦で大石亨、準決勝で阿部修治、決勝でトーマス・クチャゼウスキーを破って優勝。

4月9日	横浜アリーナで『K-1 KINGS 98』開催。マイク・ベルナルドがゴードン・マイナーズの持つWAKOプロ世界ムエイタイ・スーパーヘビー級王座に挑戦。2RKO勝ちでタイトル奪取。メインではピーター・アーツとアーネスト・ホーストが対戦。アーツが1Rにダウンを奪い判定勝利。またK-1に初参戦したマット・スケルトンがヤン・ザ・ジャイアント・ノルキヤを3RTKOで破りデビュー戦を飾る。
4月12日	オランダ・スポートホール・サウドで行われた『KO POWER tournament』の4名参加によるトーナメントでロイド・ヴァン・ダムが優勝。同大会のワンマッチでハリー・ホーフトがコンバット・ジーヨ（ジアド・ポリョ）に判定勝ち。
4月26日	横浜アリーナで行われたシュートボクシングの大会「Shoot the Shooto XX」でチャンプア・ゲッソンリットとマンソン・ギブソンがSBルールで対戦。マンソンが判定勝利を収める。
5月24日	アメリカ・ロサンゼルスで行われたDRAKA（投げのあるキックボクシングのような格闘技）の大会でモーリス・スミスとジャン・クロードが対戦するもドローに終わる。
5月24日	マリンメッセ福岡で『K-1 BRAVES 98』開催。中迫剛がプロデビュー、ピア・ゲネットと対戦し2RKO勝ち。コンバット・ジーヨがK-1初登場、ジェロム・レ・バンナと対戦し3RTKO負け。メインでは約1年ぶりにリング復帰した武蔵（ムサシから改名）が佐竹雅昭と対戦しドローとなる。 オーストラリア・メルボルンで行われた『クラッシュ・アット・ザ・クラウン』でサム・グレコとカール・ベルナルドがWAKO世界スーパーヘビー級王座決定戦を行いグレコが4RKO勝利し世界王者となる。
5月26日	新高輪プリンスホテルでの記者会見で7月18日名古屋大会は「カラテvsキック『史上最大の決戦！』7対7全面対抗戦」とすると発表。その大会へ極真（松井派）のグラ

ウベ・フェイトーザとニコラス・ペタスに参戦要請を書面で提出していることが明らかになる。

5月30日	サッポロルネッサンスホテルでの記者会見で極真(松井派)のグラウベ・フェイトーザとニコラス・ペタスが7月18日に行われる『K-1 DREAM 98』に参戦すると表明。グラウベの相手にはマイク・ベルナルド、ペタスの相手にはステファン・レコが選ばれたことも発表される。
6月6日	スイス・チューリヒで『K-1 FIGHT NIGHT 98 EUROPEAN GP 98』開催。8名参加のトーナメントでは決勝でステファン・レコがロブ・ファン・アスドンクを3RKOで下し『K-1 GP 98 開幕戦』の出場権を得る。メインのワンマッチではアンディ・フグとピーター・アーツが対戦しフグが判定勝利。
6月18～19日	7月18日の『K-1 DREAM 98』に参戦する空手チームの選手（正道4人、極真3人）が埼玉県・三峰山で合同合宿。コーチには角田信朗（正道会館師範代）と磯部清次（極真ブラジル支部長）。
6月21日	『K-1 DREAM 98』に参戦する空手チームの選手が都内で公開スパーリングを行う。
7月18日	名古屋ドームで「K-1 DREAM 98『空手VSキック史上最大の決戦！』7対7全面対抗戦」開催。極真（松井派）から初参戦したニコラス・ペタスはステファン・レコに、グ

	ラウベ・フェイトーザはマイク・ベルナルドにそれぞれKO負け。メインではフランシスコ・フィリォがピーター・アーツと対戦。生涯初のダウンを奪われるがアーツが臑を負傷しドクターストップ。フィリォの1RTKO勝ちとなる。『空手vsキック』はキックが5勝1敗1分と圧勝に終わる。 また同大会で元柔道世界王者の小川直也が安生洋二とUFO特別ルールで対戦。小川が頭突きと肘打ちの反則を犯し安生の反則勝ち。
8月7日	アメリカ・ネバダ州ラスベガスで『K-1 The New Fighting Sport』開催。『USA GP 98』ではリック・ルーファスとカーチス・シュースターが決勝に進出するもシュースターが左膝負傷により決勝を辞退。ルーファスが『GP 98 開幕戦』の出場資格を得る。メインのワンマッチではアーネスト・ホーストがモーリス・スミスに判定勝ち。
8月28日	国立代々木競技場・第2体育館で『K-1 BUSHIDO 98』開催。『ジャパンGP 98』では決勝で佐竹雅昭が中迫剛を判定で下し優勝。『GP 98 開幕戦』の出場資格を得る。同大会では小川直也がUFOルールで再び参戦。ダン・リデルに腕ひしぎ逆十字固めギブアップ勝利。
9月7日	新高輪プリンスホテルでの記者会見で日本人選手同士の対戦や日本人vs海外強豪選手などをコンセプトにした『K-1ジャパンシリーズ』を定期的に行っていくことを発表。また『K-1 ジャパンシリーズ』は日本テレビが放送していくことも同時に発表された。
9月19日	アメリカ・アトランタで行われたドン・キングによるボクシングの大会でジェロム・レ・バンナがエスペディート・ダ・シルバとキックルールで対戦し1RKO勝ち。
9月27日	大阪ドームで『K-1 GP 98 開幕戦』開催。佐竹がグラウベ・フェイトーザを判定で破るなど前年GPベスト8だった7人（バンナのみ不出場）は順当に決勝大会に進出。レイ・セフォーがステファン・レコを破りGP初勝利。

10月3日	オランダ・ハウセン市で行われた『KOパワー・キックボクシング&フリーファイト』で林伸樹（ノブ・ハヤシ）がプロデビュー（？）。フローリック・シンズを1RKOで下す。
10月4日	大阪府立体育会館で『第17回全日本空手道選手権大会』開催。2連覇していた子安慎悟が欠場する中、決勝で門久雄が春山成千を試し割り判定で下し初優勝。
10月5日	日本テレビで「K-1 情報バラエティ『超K-1 宣言』」の放送が開始される。
10月25日	両国国技館で行われたMAキック主催『キックボクシング・チャンピオンウォーズ・オールスター戦』で村上竜司とチャンプア・ゲッソンリットが対戦。チャンプアが判定勝利。
	オーストラリア・メルボルンで行われた『ザ・キング・オブ・キックボクシング』でサム・グレコがWAKO世界スーパーヘビー級タイトルマッチを行い5RTKOで防衛（対戦相手はトルコのピロル・トプス）。
10月28日	国立代々木競技場第2体育館で『K-1 JAPAN 98～神風～』開催。日本vs世界5対5というコンセプトで行われるが日本陣営で勝った選手は角田信朗（対バート・ベイル 1RKO勝ち）だけという結果に。
11月14～15日	東京体育館で行われた極真会館（松井派）主催『第30回オープントーナメント全日本空手道選手権大会』に正道会館から子安慎悟、出畑力也が出場するも両者とも2回戦敗退。（優勝は数見肇）
12月13日	東京ドームで『K-1 GP 98 決勝戦』開催。決勝でピーター・アーツがアンディ・フグを1RKOで破り3年ぶり3度目の優勝を飾る。
	クロアチア・ザグレブで行われた大会でブランコ・シカティックがクロアチア国内での引退試合。4RKO勝ちで国内引退を飾る。（対戦相手はビッグ・モー・T）

98年で印象に残っているのは、やはり、K－1GP決勝戦におけるピーター・アーツの優勝だった。全試合を1ラウンドKOで勝利した姿は、K－1の醍醐味をアピールするに十分だった。分かりやすさ、強さ、感動。ここにK－1の原点があった。その強烈なソフトがあるからこそ、大胆なビジネスモデルも構築できるし、周辺権利ビジネスの拡大も可能なのだ。

またこの年は、世界戦略元年とでもいうべきメモリアル・イヤーとなった。世界で大会を開催することで、世界のメディアの注目を集めることができる。それにより新たなビジネスシーンが現実のものとなる。さらにはこれまでK－1の存在を知らない選手やエージェントへも大会開催を通じて門戸を開くことが可能となった。自己増殖するK－1という視点でみた場合、選手のすそ野を広げるという点での効果も絶大であった。

さらには日本テレビ系列でK－1放映が開始された。従来の世界ナンバーワンを決めるシリーズをフジテレビ系列で、日本人育成を目的とするシリーズを日本テレビ系列でというメディアとのスタンスを決定したのがこの時期だった。実現に至る道程が困難の連続だったことは想像に難くない。

世界戦略の拡大、極真会館に代表される他団体との交流の本格化、地上波テレビにおける2大キー局とのスタンス決定、さらにはK－1ジャパンシリーズのスタートアップなど、起承転結でいえば、まさに『転』の時期が、世紀末へ向かうこの年だった。

99年
ミレニアムへ向けて　～原点回帰～

前年から始まったK‐1ジャパンシリーズは、この年に拡大。大会は4つ開かれ、さらに日本テレビのバックアップの元、アマチュア育成の場『モンスター ファクトリー』の開始やアマチュア選手のトーナメント『モンスター チャレンジ』なども開催され、『強い日本人選手の育成』へ積極的に取り組み始めた。そんな中登場したのが、オランダからの逆輸入ファイター、ノブ・ハヤシ。10月のジャパンGPに出場したハヤシは、宮本、中迫などの正道ファイターを軒並み退け、決勝進出。決勝では武蔵のテクニックと経験の前に判定負けを喫したものの、そのパワーと前へ前へと常に圧力をかけていくスタイルは、確実にファンの心を引き付けた。

ハヤシはこの準優勝により、武蔵と共にGP本戦出場権を獲得。しかし練習中のケガにより本戦は無念の辞退となった。

ワールドシリーズでは、4月に『K‐1 リベンジ99』開催。フランシスコ・フィリォのアーネスト・ホーストへのリベンジマッチが行われた。自信満々に戦いの場に挑んだホーストだったが、フィリォは以前のスタイルとは明らかに変わっていた。自ら前へ出てパンチを振るう、そのスタイルにホーストのゲームプランは完全に狂ったか、ロープ際に追い詰められフィリォのパンチを浴びつづけ、白目をむいての失神KO。

フィリォはこの勝利を手に極真の世界大会で優勝するなど、完全復帰を印象付け、一方のホーストはそのあまりに衝撃的な敗戦と年齢から「もう限界ではないか」といった声が囁かれるようになる。

6月の福岡、7月の名古屋の大会は、『GPへの道』と名付けられ、本戦出場を賭けてのトーナメントが、世界中から集まったファイター達の手によって争われた。福岡ではこの年から復帰したミルコやマット・スケルトンなど強豪が出場する中、大会1週間前に出場のオファーを受けたジャビット・バイラミが大方の予想を裏切って優勝。準優勝のロイド・ヴァン・ダムと共に本戦への出場を決めた。

名古屋では『大本命』ステファン・レコが、試合途中でスネを負傷しながらも優勝。準優勝のベナゾーズと共に本戦へ。予選トーナメントを勝ち抜いた6人、推薦枠からの2名、そして前年ベスト8の選手の計16名が一同に会した大阪ドーム。

約1年半ぶりに復帰したジェロム・レ・バンナの衝撃KO勝ちなど大会は盛り上がったが、事件は舞台裏で起こっていた。

佐竹のK‐1撤退発言。この日、武蔵との日本人頂上対決を行った佐竹は、1ラウンドにダウンを奪いながらも判定負けという結果を不服として、「やってられない」とK‐1撤退を示唆した。最終的にはフリーとして活動し、K‐1にもオファーがあれば出場を考えるという展開に落ち着いたが、ルールやジャッジ問題など、いろいろと教訓が残った事件だった。

そして12月の東京ドームでのGP決勝。「アーツを止める者がいるのか？」というファンの期待は、いきなり果たされることになる。1年半ぶりに復帰したバンナは、いきなりハイキックでダウンを奪われたものの、その後猛反撃。コーナーにアーツを追い詰めると左右フックを回転させる。左フックが顔面を捉えた瞬間、アーツは太陽が沈むかのようにマットに沈んでいった。

このままバンナ優勝かと思われたが、それに待ったをかけたのが限界説まで囁かれていたアーネスト・ホースト。打たれっぱなしかに見えた序盤はチャンスを狙っていただけだった。2ラウンドにカウンターでストレートを入れると、あとは連打、連打でバンナを葬

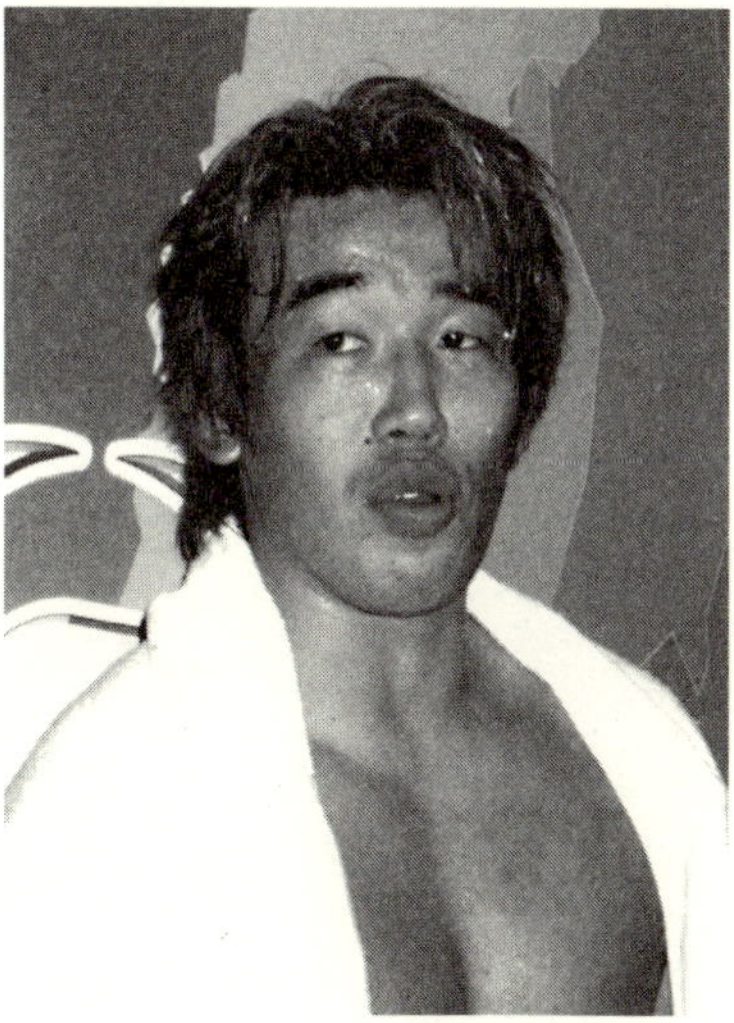

りさる。97年のGPとほとんど同じような展開でホーストは決勝へ進出。

一方のブロックから決勝へ進出したのは、開幕戦では補欠出場だったミルコ・クロコップ・フィリポビッチだった。開幕戦でベルナルドをKOで破った勢いをそのままに、武蔵、グレコをKOで下しての決勝進出。

今期絶不調と思われていたホーストと、補欠出場だったミルコ。この2人の決勝進出を予想した人間が何人いただろうか？

思えば第1回K-1GPの決勝で対戦したのは、ホーストと、以前ミルコの師匠でもあったシカティックだった。ある意味でK-1史上最大の波乱が巻き起こったこの大会で、最後に笑ったのは、限界説への怒りをエネルギーにして戦ったホーストだった。

試合後のインタビューで語った「年齢はただの数でしかない」という言葉は、多くのファンの胸を打ったことだろう。


正道会館の空手では、この年から初のウェイト制にし、さらに他流派の参戦も解禁して行われた。そんな中、重量級で優勝したのは昨年は欠場していた子安。他の階級も正道会館勢が優勝し、『常勝軍団』といわれていた勢いを取り戻した。

1999年	
1月16日	日本テレビ『超K-1 宣言！』内の企画でK-1日本人ファイターを発掘・育成する『K-1 モンスターファクトリー』計画の一環として国立代々木競技場第2体育館で第1回公開オーディションが行われる。116名が参加し風間勇乃、中畑慶治、宮本健太郎、山中政信の4人が合格。
2月3日	国立代々木競技場第2体育館で『K-1 RISING SUN 99』開催。日本vs世界5対5では武蔵、宮本、タケルが勝利、長井、中迫が敗退し3勝2敗と初めて日本勢が勝ち越す。
2月27日	フランス・マルセイユで行われた『LES CHOCS DU MUAY-TAI』でジェロム・レ・バンナとロブ・ファン・アスドンクが対戦。バンナが1RKO勝ち。
2月28日	イギリス・ウォーバーハンプトンで行われた『LOADS OF THE RING Ⅲ』で武蔵がカークウッド・ウォーカーの持つWAKO PRO世界ムエタイヘビー級王座に挑戦するも判定で敗れる。
3月22日	国立代々木競技場第2体育館で『K-1 THE CHALLENGE 99』開催。天田ヒロミがプロデビュー、5R判定勝利を収める（対ジョン・ワイアット）。日本対世界5対5は日本の3勝1敗1分。同大会ではサミール・ベナゾーズがK-1初登場、サム・グレコと対戦するもグレコ負傷により2Rノーコンテスト。
4月25日	横浜アリーナで『K-1 REVENGE 99』開催。ミルコ・クロ・コップ・フィリポビッチが3年ぶりに復帰（以前のリングネームはミルコ・タイガー）、ヤン・ザジャイアント・ノルキヤに4RKO勝ち。メインではフランシスコ・フィリォがアーネスト・ホーストを1RKOで下しリベンジを果たす。
5月14日	アメリカ・マサチューセッツ州ローエルで行われた大会でスタン・ザ・マンとリック・ルーファスが対戦。ルーファスの10 RTKO勝ち。（12 R制？ローキックとパンチのみという変則ルール）

5月15日	アメリカ・カリフォルニア州サンノゼで行われた『ストライクフォース ・キックボクシング・チャンピオンシップス』でダンカン・ジェームスとジェローム・トゥルカンが対戦。トゥルカンが判定勝利。同大会ではジャン・クロードも出場しKO勝ち。(対アンドレイ・デュドゥコ)
6月5日	スイス・チューリヒで『K-1 FIGHT-NIGHT 99』。シリル・アビディがK-1初登場、ペーター・マイストロに判定勝ち。メインではアンディ・フグがステファン・レコを判定で下しWKA世界ムエタイ・スーパーヘビー級王座を防衛。スイスvs多国籍軍6対6はスイスの4勝2敗。この大会でアンディ・フグがスイス国内での引退を表明。
6月6日	北海道・真駒内アイスアリーナで『K-1 SURVIVAL 99』開催。普段総合ルールで闘っている本間聡がK-1ルールでウェイン・ターナーと対戦。3RTKO勝ち。日本vs世界5対5は日本の4勝1ノーコンテスト。メインではピーター・アーツがモーリス・スミスと6年ぶりに対戦。アーツの3RTKO勝ち。
6月20日	マリンメッセ福岡で『K-1 BRAVES 99～グランプリへの道～』開催。『GP 99 予選トーナメント』ではジャビット・バイラミがK-1初登場のロイド・ヴァン・ダムを決勝で下し優勝。準優勝のロイドと共に本戦への出場権を得る。同大会では武蔵がカーク・ウッド・ウォーカーを下しWAKO PRO世界ムエタイヘビー級王座に、サム・グレコがマイク・ベルナルドを下しWAKO PRO世界ムエタイスーパーヘビー級王座に着く。
7月4日	横浜アリーナで行われた『PRIDE 6』で角田信朗と黒澤浩樹が空手ルールで対戦。黒澤浩樹が優勢勝ち。
7月10日	クロアチア・プーラで行われた大会『HE NIGHT OF GRADIATORS～KING OF THE RING』に天田ヒロミが参戦。1RTKO勝ち。(対クリス・バラード)
7月11日	沖縄県立武道館で行われた『KAKIDAMISHI 1』で村上竜司とチャンプア・ゲッソンリットが再戦。村上が判定勝

	利を収める。同大会にはブランコ・シカティックも参戦し1RKO勝ちを収める（対ベンケイ佐藤）。
7月18日	名古屋市総合体育館レインボーホールで『K-1 DREAM 99～グランプリへの道～』開催。『GP 99 予選トーナメント』ではステファン・レコがサミール・ベナゾーズを決勝で下し優勝。準優勝のベナゾーズと共に本戦出場権を得る。メインではピーター・アーツとサム・グレコが対戦。アーツの2RKO勝ち。
8月22日	東京・有明コロシアムで『K-1 SPIRITS 99～魂の戦い～JAPAN GP 99』開催。16名出場の『JAPAN GP 99』では武蔵がK-1初登場のノブ・ハヤシを判定で下し優勝。準優勝のハヤシと共にGP本戦への出場権を得る。
9月5日	オランダ・アーネム市で行われた『バトル・オブ・アーネム』でロブ・ファン・アスドンクとヤン・ウェッセルが対戦。ウェッセルが4RTKO勝ち。同大会ではイワン・ヒポリットとペリー・ウベダの対戦もあり、ヒポリットの臑負傷によりウベダがTKO勝利。
9月12日	横浜アリーナで行われた『PRIDE 7』でモーリス・スミスとブランコ・シカティックがPRIDEルールで対戦。モーリスがギブアップ勝ち。
9月15日	国立代々木競技場第2体育館でK-1初のアマチュアのグローブ大会『K-1 モンスターチャレンジ 99～K-1への道～』を開催。
9月26日	大阪府立体育会館で『第1回ウェイト制オープントーナメント 99 全日本空手道選手権大会』開催。正道会館初の3階級でのオープントーナメントのウェイト制大会は重量級で子安慎悟が優勝するなど3階級とも正道会館選手が王座に。
10月3日	大阪ドームで『K-1 GP 99 開幕戦』開催。アーツ、ホーストなどが順当に駒を進めるがマイク・ベルナルドがミルコ・クロ・コップ・フィリポビッチに1RKOで敗れる波乱も。

	また判定で武蔵に敗れた佐竹雅昭が試合後に判定を不服としてK-1撤退発言をする。
10月6日	フジテレビ本社屋でK-1では初となる『K-1 GP 99トーナメント公開抽選会』を行い『GP 99 決勝戦のトーナメント』の組み合わせが決定される。
10月24日	オランダ・ハーレムで行われた『イッツ・ショータイム』でロブ・カーマンが引退試合。判定勝利で花道を飾る（対アレクセイ・イグナショフ)。同大会ではペリー・ウベダvsオーランド・ウィット（ドロー：ウィットもこの試合で引退)、ロイド・ヴァン・ダムvsレネ・ローゼ（ロイド判定勝ち）も行われた。
11月4日	高輪プリンスホテルで行われた記者会見で佐竹雅昭が正道会館を「休部」しフリー活動を行うと発表。
11月5～7日	東京体育館で行われた極真会館（松井派）主催『第7回オープン トーナメント全世界空手道選手権大会』でフランシスコ・フィリォが外国人選手では初めてとなる王者の座に。
12月5日	東京ドームで『K-1 GP 99 決勝戦』開催。決勝でアーネスト・ホーストがミルコ・クロ・コップ・フィリポビッチを3RKOで下し2年ぶり2度目の優勝を飾る。

起承転結の転は、この時期、全速力で日々の姿を変え続けていた。はたから見ていても分かるように、この時期、石井館長は24時間体制でK‐1のソフト作りにあたっていた。確かに必死に事業のコントロールにあたっていた。しかしマーケットが、それを無視するかのように勝手に走り出していた。マーケットからの要望に、とにかく応え続けることだけが毎日の仕事だったように思う。マーケット・プルの状態がそこにはあった。しかもこのような強烈なプルは、初めて経験するものだった。

またこの時期、K‐1の世界戦略は確実に浸透しつつあった。世界中で予選を開催して、そこから勝ち上がった選ばれしファイターによって、年末の決勝大会を開催したい。そういって深夜まで話し合っていたことが、まさに現実となりつつあった。世界大航海時代への布石が、確実に敷かれていたのが、まさにこの99年だった。

また私にとっても、K‐1ビジネスとの関係において転機となったのは、この時期だった。94年に石井館長と、ホテルのロビーや深夜の喫茶店で打ち合わせをしたころは、K‐1を運営するスタッフは、ほんの数名だった。しかしこの時期まで来れば、K‐1も会社らしくなってきた。オフィスもあれば、20名近い本社スタッフもいる。役割分担も進み、逆に会社らしい労務問題などが発生するようになってくるほどであった。ソフトとしてのK‐1が組織化されてきたと同時に、管理業務や営業活動も組織化されてきた。だからそれまでのように多種多様な仕事を1人の人間が処理する必要がなくなりつつあった。これは良い事だ。普通の会社になったのだ。そして私の時間の多くは、本来の仕事、つまりコンピュータの仕事に戻りつつあった。もっとも時代背景の変化により、コンピュータとはイコール、インターネット関連となっていたが。このような中、私はブロードバンド用コンテンツ制作、およびインターネットマーケティングの会社を新規に設立し、そちらに24時間を投入することになった。その仕事についても、館長には応援していただいた。

その後はK－1の大会があると、招待客のようにして会場に足を運ばせていただいた。その都度、私や私の知人・友人のために席を用意していただいて、きめ細かな配慮を感じたものである。館長とは新規事業のことや組織運営上の相談などを話題にして、ときどきお茶を飲んだり食事をするような、静かなお付き合いをさせていただいていた。もちろん私がスタートしたビジネスでK－1との接点を持ちたいと希望した場合は、いろいろとお骨折りをいただいた。ある意味94年以来、もっとも快適な時期だったと思う。少なくとも01年秋に、あの事件が発生するまでは。

■01年以降の歴史

K－1ファンの皆さん、および関係者の皆さんに多大なご迷惑をおかけした『法人税法違反嫌疑』が発生したのが01年9月のことだ。最初に書いたように、私の責任はK－1代表であった石井館長とまったく同じものだと思っている。この本の執筆時点において石井館長は公判中である。したがって事件に関することについては書くことはできないが、これだけは話しておきたい。

石井館長は、多くの人々に働く機会を与え、夢と感動を与えるために、本当に24時間働いた人だということである。そして、社会に多くの貢献をしてきた人だということである。もちろん敵を作ってしまうような行動・言動があったかもしれない。しかしプラスとマイナスを考えれば、はるかにプラスが多いと思う。そしてこれからも、数え切れない貢献を社会に対して提供していくに違いない。

事件の後、各種報道やインターネット上のBBS、そして先日の佐竹氏の本など、石井館長を非難する文字をたくさん目にした。法人税法違反のことについては、これは反論の余地などない。しかし本人の人格を否定するもの、ましてや事実を歪曲するものなどは、いかがなものだろうか。特に問題の本に至っては、筆者自身を美化した部分が多く、私が知っている事実を書き出したらまさに泥仕合になるようなものである。

01年以降今日までの期間は、事件と付き合った以外、何もない。したがってここまで書いてきたような私にとってのK‐1ヒストリーを書くとすれば、そこに出てくるのは大会名でもなく、ファイター名でもない。

そこでの登場人物は、東京国税局査察部、東京地検特捜部、東京拘置所、東京地方裁判所などになるわけだ。ここでも多くの貴重な体験を得ることができた。冗談ではなく、普通に生活している方々に対しても、報告しておきたいことはたくさんある。いつかそのようなことを文字にするときがくるかもしれないと思っている。

01年以降のK‐1ヒストリーを知りたい方は、申し訳ないが書籍やインターネット上のウエブサイトなどで、ご自身で情報を収集していただきたい。

メディアへの露出が増加したこともあり、おそらく01年以降については、情報検索ということでは苦労されないと思う。たとえばＫ‐１オフィシャルウエブサイトをチェックするだけでも十分である(www.k-1.co.jp)。

また、私のお話した内容についてのご意見、クレームなどをお持ちの方もいらっしゃると思う、その場合はいつでも投稿していただきたい。時間のある限り目を通し、疑問にはお答えしたい。その場合は、私の告知用ウエブサイトからお願いしたい(http://plan-and-control.com/)。

思えば、館長との最初の出会いが94年。結審が03年。まさに急展開の10年間を過ごした感がある。まだまだＫ‐１ファンの皆さん、またこの厳しい時代にビジネスの遂行にあたる皆さんにお伝えしたいことはたくさんある。

情報が直接的に経営・生活の役に立つ時代になった。情報活用の上手下手が、そのまま勝負を分ける時代になった。難しい時代になったともいえる。そんな時代に、がんばる人を応援することで、04年からのヒストリーを作っていきたいと思っている。

エピローグ

01年9月3日、午前9時。玄関のチャイムが鳴った。私は受話器をとる。

「東京国税局査察部の者です」

インターファンから聞こえてくる声に、私は一瞬、声を失った。海外出張からの帰国を1日早く繰り上げて帰国した翌朝のことであった。

「予定通りに帰国していれば、今の時間は、日本にいなかったな」

などと、どうでも良いことを考えているうちに、茶色の紙封筒やダンボール箱を抱えた、黒っぽい服の人の群れが、部屋の中に入ってきた。ドラマやニュースで見る光景と同じだなどと考えていた。報道された事件、K－1の法人税法違反事件の起点となった日である。

その後、02年秋まで、私と、東京国税局査察部との行き来は続くことになる。その後、03年2月までは、東京地検特捜部の任意聴取を受けることになる。しかし任意聴取は突然終わりを迎え、2月3日の節分に逮捕拘留となる。新築入居となった東京小菅拘置所の部屋から見る景色は、いつも変わりはない。東京地方裁判所での第1回公判の後、保釈が認められて塀の外に出たのが、03年5月中旬だった。この間に、イラク戦争が始まって、そして終わった。

03年11月5日、私は有罪判決を受けた。罰金刑と執行猶予付きの懲役刑であった。これにより、26ヶ月に及んだ事件は、ひととおりの区切りを迎えることになる。多くの方々にご迷惑をかけてしまった。本当に申し訳ないことをした。

その後、私は少しでも、社会のお役に立つならばということで、町医者的なコンサルテーション業務を開始した。若い起業家、リタイアした後の起業家のために、経営者を応援する仕事を開始した。また企業内で働く総合職の女性スタッフ向けには、女性社員ならではの悩みを解決することで、応援してきた。これは口コミ限定で、今では少なからず喜んでくれる方が存在している。経験というものは不思議なもので、仕事関係で民事裁判を起こされて、不安になっている人を側面から支えて裁判に勝利することが、すでに4件にもなった。もちろん私は弁護士ではないから、裁判を起こされた本人の意思を、正確に顧問弁護士に伝えるところに役割がある。それに加えてメンタル面の応援だ。平たくいえば元気づけてやることだ。

「たかが、民事でしょ」

刑事事件で逮捕されたことのあるヤツがこんなことをいえば、みんな例外なく大笑いする。それで肩の力が抜ける。こんなことをボランティア的に続けているうちに、最近では、がんばる人が好きになってきた。ますます好きになってきた。

東京地検特捜部の聴取が始まってからは、私が石井館長と連絡を取り合うことは禁止されてしまった。しかし査察部の聴取の間は、記憶を喚起するという意味もあり、私は何度か石井館長と会うことができた。

法人税法違反の嫌疑により、最大のピンチに面していたのは、石井館長本人である。しかし、そのような苦境の中、館長は私に対しても最大の配慮をしてくださった。自分が溺れかけているのにである。そういう人なのである。

2人で過去に遡って、いろいろなことについて雑談した。私の中でも、雑然と記憶されていたものが、整理されたような気がした。館長が話してくれた言葉をいくつか思い出してみた。よければ読んでみてほしい。

生産性をつける

空手だけでは生活できない。中には道場を開いて経営することで、空手で生活できている人はいる。しかしこれは、空手で……ではなく、空手を教えて……である。プロの空手家が普通に存在して、生活するまでには至っていない。

空手をやって収入を得るためには、空手自体に経済的な価値をつけなければならない。このことを館長は、

『空手に生産性をつける』

といった。企業では生産性向上というのが収益性アップの手段だ。これを空手に適用したところに面白さがあるし、一流の着眼点がある。

『生産性をつける』

という言葉は、すっきりしていて分かりやすい。

外国人をひきつける

館長を見ていて不思議だったこと。それは外国人と上手に付き合うことである。外国人と仕事をするのはたいへんなことだ。私はそれまで、コンピュータの世界でしか知らないが、いくつもの失敗例を見てきた。

欧米人との間では契約段階でのトラブル、文化の違いではすまないのだが、とにかく契約書の考え方が違うので、ドラフトのすり合わせ段階で、すでに疲弊してしまったりする。

また、中国関係では、事業開始後に発生するキャンセルまがいのトラブルが少なくない。突然の裏切りというと人聞きが悪いが、日本人的にいえばそのように見える。親友がある日突然、豹変したような。

そんな中、K‐1に限っていえば、外国人のほうからニコニコして館長に寄ってくる。お金を払っているほうと、もらうほうという言い方をする人がいるが、それは当たらない。そうであれば先に例をあげたコンピュータ業界の場合でも、トラブルはないはずである。外国人だからといって、そこまでビジネスライクではない。

操縦術というと語弊があるが、お互いをリスペクトして、仕事上のつきあいをするという裏技があるのだろうかといつも考えてしまう。実はこの件については、私はまだ解答を得ていない。石井館長に関する残された謎のひとつである。

マッチメイク

石井館長が決めた対戦カードは面白い。これをマッチメイクというが、絶妙のマッチメイクを提供してくれる。

あるものは、対戦カード発表時点で驚かせられる。そのあと対戦までの日々を、事前告知のテレビ番組や雑誌記事で楽しませてくれる。そして実際の対戦を通じて、感動を与えてくれる。

またあるものは、実際の試合を観せられて初めて、

「すごい。面白い」

となる。これは初参加の選手の場合などに驚かされるパターンである。

資料やビデオで見てはいるのだろうが、館長自身も始めて実際の試合を観るようなファイターの場合にも、こういうことがある。これはすごいことなのだ。なぜなら、対戦相手の能力や試合形式をも熟知していなければ、いわゆる『かみあう試合』は、観せられないからだ。

なぜ面白いマッチメイクを実現できるのかを尋ねたことがある。答えは単純だった。

「自分で、観たい試合を組むんですよ」

確かに、マネできないと思った。

K-1は、なぜ面白いか

格闘技を知らない私にとっても、K-1は楽しいソフトである。別に私が理科系だからではないが、その理由を箇条書きにして整理しておかないと気持ち悪いのである。最後にちょうどよい

から、メモ代わりに書いておこうと思う。K‐1の経営は、そんなに簡単ではないと叱られるかもしれないが、許してほしい。

私にとってのK‐1の経営戦略は、これに尽きる。

1. 分かりやすさ
赤コーナーは赤いグローブ
青コーナーは青いグローブ
最後まで立っていたほうが勝ち
これなら、初心者でも子供でも分かる

2. ストーリー性
試合ひとつひとつにストーリーがある
その試合は、次の試合につながるストーリーがある
選手にもストーリーがある
これにより、単なる一発勝負の羅列に終わらないため、ファンは次もまた観たいと思う。
試合の結果がコントロールできない分、複数のパターンのストーリー展開を準備しなければならないのだが、見事にやりとげている。私ならK‐1の脚本家だけはやりたくない。大変な仕事だ。

3．TVメディア戦略

地上波テレビの活用技術という点では、おそらく館長の右に出るものはいないだろう。もちろん湯水のようにお金を使えば、テレビのCM枠を買い取って活用できるし、スポンサーの力で、ある程度、番組内容にまで影響を与えることはできる。

しかし館長はテレビ局関係者との、ギブアンドテイクの良好な関係を作り上げることで、きわめてコストパフォーマンスの高い活用方法を確立していた。メジャー感を作り上げながら、プロモーションを行う。そして高視聴率を獲得するソフトを提供することで担当者の手柄をつくる。

TVメディア戦略なくして、今日のK‐1の発展はなかった。

4．ハラハラ感

きわめて巧妙に構築されたストーリーに支えられているとはいえ、そこにはやはり、生身の人間を扱うことによる不安定さがある。その中でも、私が、もっともハラハラ感を感じていたのが『選手の引き抜き』である。

私はここに、この仕事の急所があると思っている。主催者のカリスマ性、ロイヤリティにより、いかに選手をひきつけるかという点が、もっとも重要な経営戦略ではないのか。そうであれば、K‐1の核について語る限り、第三者が継承できないのではないか……。ソフトビジネスの共通のリスク、それはここにも生きている。

最後になってしまったが、今回の出版にあたり応援してくださった皆さんに、心から感謝したい。紙面を少し頂いて、お礼申しあげたい。

ＪＰＳの松田さん、成山さんには、今回の出版全般に関して全面的にご協力頂いた。お２人の参画なくして、この本が世に出ることはなかった。ご提供頂いた専門知識と業界における人的ネットワークには驚かされた。

また小学館の槙田編集長には、文章の組み立て方に関して貴重なワンポイント・アドバイスを頂いた。槙田さんを紹介してくれた作家の篠田さんにも感謝している。人生において出会いは重要だと改めて考えさせられた。

ワースドゥーイングの福本さんには貴重な写真を提供して頂いた。また構成全般について、Ｋ‐１ファンの目線から多くのアドバイスを頂いた。

ＷＥＢサイト『Ｋ‐１を見に行こう！』を主宰するポンヌラさんには、Ｋ‐１ヒストリーに関して貴重な知識と情報をご提供頂いた。さらには執筆段階で応援メールを頂いた。あのタイミングは、最高の励ましだった。

最後に、日本が生んだ世界へ通用するソフト『Ｋ‐１』の益々の発展を祈願する。そして願わくば再び、明日にでも、創設者である石井和義館長による凝縮されたマッチメイクに再会したい。感動を提供することで社会にとって必要な企業が存続するという世界も素敵ではないか。

その企業が提供するソフトは、地道な積み重ねのあとに、突然、発酵した成分が噴出することで生み出されたものだ。予測不可能な不連続な出来事が突然発生することがある。

そうしてK‐1は、ひとつのイベントからビジネスへ進化した。それは不況といわれた10年の間に生まれて進化した。このプロセスに隠されたエピソードが、厳しい時代を生きる人々のためになれば幸いである。

ブレイク・スルーを体感した歴史が、そこにあった。

著者略歴

佐藤　猛（さとうたけし）

早稲田大学を卒業後、(株)CSK入社。経営戦略室に勤務し、数多くの会社経営・企業買収、および事業計画立案業務に関わる。退社後、(株)デジタル・ウェイブ、(株)インターメディアなどを設立、コンピュータ・ソフトウェア、および情報サービス系の事業を展開しつつ、(有)ミナト総合研究所などで経営支援サービスにも手腕を発揮、1999年、(株)インデックス・ティービーを設立して現在に至る。経営コンサルティング関連URL：http://plan-and-control.com/

K－1舞台裏の物語

ブレイク・スルー

2004年4月30日　初版発行

著　者　佐藤　猛
発　行　ＪＰＳ
発　売　太陽出版
〒113-0033　東京都文京区本郷4-1-14
TEL 03-3814-0471　FAX 03-3814-2366
印　刷　㈱シナノ